职业教育中"边做边学"的数字化赋能

数字化赋能

强化"学习即成为"环节

〔新西兰〕塞莱娜·陈 著

王波 译

商务印书馆
创于1897 The Commercial Press

职业教育学术译丛
出版说明

自《国务院关于大力推进职业教育改革与发展的决定》颁布以来，我国职业教育得到了长足发展，职业教育规模进一步扩大，职业教育已经成为国家教育体系的重要组成部分。为了更好满足社会经济发展需要，建设更多具有世界一流水平职业院校，商务印书馆与深圳职业技术学院共同发起、组织、翻译、出版了这套学术译丛。

我馆历来重视移译世界各国学术著作，笃信只有用人类创造的全部知识财富丰富自己的头脑，才能更好建设现代化的社会主义社会。为了更好服务读者，丛书主要围绕三个维度遴选书目。一是遴选各国职业教育理论著作，为职业教育研究人员及职业教育工作者提供研究参考。二是遴选各国职业教育教学模式、教学方法等方面的书目，为职业院校一线教师提供教学参考。三是遴选一些国际性和区域性职业教育组织的相关研究报告及职业教育发达国家的政策法规等，为教育决策者提供借鉴。

深圳职业技术学院为丛书编辑出版提供专项出版资助，体现了国家示范性高等职业院校的远见卓识。希望海内外教育界、著译界、读书界给我们批评、建议，帮助我们把这套丛书出得更好。

商务印书馆编辑部
2022 年 6 月

自　序

　　因 2020 年全球新冠疫情肆虐，面对面的教学被迫中止，我的工作团队想方设法更好地支持本学院的实践本位教学方法，以应对持续不断的挑战，因缘际会，得以成书。与几乎所有国家一样，新西兰经历了多轮教育机构停课冲击。身为教育开发人员，我的职责是支持教师队伍发展实践本位学习。然而，在需要向数字赋能型／支持型学习或"远程"／远距离学习转型时，我的工作面临着严峻考验。因此，整本书的论述与建议均围绕一个中心——2020 年为辅助教学设计或学习与教师能力发展而开展的工作。我们的教育开发工作受益于过去十年职业教育与培训（VET）研究成果所巩固的各项前提与策略。这些研究的根本目标是改进不同学习层次中众多实践本位学科的学习。具体研究包括开发和实施技术增强型学习（TEL），以支持各专业化职业领域在技能、知识与特质／习性方面的学习。这些研究课题的发现与建议构建了本书的总体方向。

塞莱娜·陈
于新西兰克赖斯特彻奇

致　谢

　　本书的成书出版离不开 Ara 坎特伯雷理工学院众多同事的支持，感谢大家。同时，也要感谢参与和共同研究各个课题项目的诸位同学、老师、雇主以及行业培训人员。我要特别感谢新西兰高等教育教学卓越中心（Ako Aotearoa）为本书报道和参考的许多课题项目提供经费与同侪支持。本书各章的关键主题是在 2020 年成形的，正逢各单位和全国携手抗疫之际，殊为不易。书中论述的理念与模式十分丰富，这要归功于学生的视角、与学生的对话、学生顾问、师资队伍，还有我的教育开发和学习技术顾问以及学习资源团体的伙伴。尽管时间紧迫，但人人积极投入其中，支持各专业从实践本位向完全数字赋能转型。这些共同的经历均启发且成就了本书。另外，我也感激各位审稿人的反馈，他们帮助我完善和精练书中呈现的理念与论述。

Ka mate kāinga tahi, ka ora kāinga rua.
——失之东隅，收之桑榆。

目　录

第1章　以数字技术支持
实践本位学习

摘　要　作为首章，本章论述本书的选题理由。开篇探讨持续至今的新冠疫情如何促进支持实践本位学习（practice-based learning）的数字技术的发展，如何加深实践本位学习对数字技术的依赖。然而，以虚拟环境取代"动手"学习或"边做边学"，引起了重重挑战，因为我们很难完全复制实体互动的一切"可供性"（affordance），包括学员与教师、工具、机械、材料以及专门工作/学习环境的物理互动。后续几节详述新西兰的大环境——皆因支撑本书提出和论述的理念、流程与策略的课题研究是以新西兰职业教育与培训（VET）部门为背景开展的。在本章的最后，将对后续几章内容进行概述。

关键词　边做边学；"学习即成为"；"学会成为"；技术增强型学习；倒逼变革；远程学习；新冠疫情

一、引言

2020年新冠疫情暴发，倒逼全球教育部门进行迅猛的变革，带来全新的经验与挑战，引人反思。撰写本书的前提与动机便源自于此。这场疫情影响了全球的社会、经济和政治结构，至今仍是许多国家关切的一大问题，而且给各国及其公民带来了改变一生的后果。这场疫情的其中一个后果便是所有教育机构骤然被迫停课（Bozkurt et al.，2020）。全球各国政府纷纷推动教育系统整体转型，从面对面（f2f）学习转向远程学习（distance/remote learning）（关于新西兰的疫情应对，参见 Hipkins，2020）。许多国家的"远程教学"转型依赖于数字赋能型（digitally enabled）或数字中介型（digitally mediated）学习给予的可供性。本书着重论述、分析和探讨从基于"边做边学"教学活动（通常在专门的学习环境中）的实践本位教学（即，学习真实性工作的技能、知识与特质）转向无面对面接触机会的数字赋能型学习这一过程中特别费力的方面。截至 2020 年年末，疫情几乎毫无缓和迹象（NZ Herald，2020a，July 3）。随着感染人数增加，有的国家不得不回归全社区"封锁"政策（ABC Network，2020；*Spain*，*July 2020*）。至此，在可预见的未来，准备好从实践本位专业——介于"常规"途径与主要的面对面"边做边学"途径——转向无面对面物理接触的数字赋能型学习，成为各国教育部门必须推动的持续进程。

本书将审视实践本位学习的构成方式，以及如何利用技术增强型学习（TEL）、"非技术赋能型学习"形式以及数字赋能型（即，远程）学习来辅助实践本位学习。在本书中，TEL 或"混合式学习"（blended learning）一词用于以下情境：在面对面物理接触可行的情况下，部署数字技术来支持学习活动。而数字赋能型学习适用于以下情境：在学员与教师无法面对面接触的情况下，利用数字技术来辅助学习。

虽然 VET 部门是启发本书所述方法与方向的大背景，但实践本位学习存在于一切人类事业之中。例如，许多高等教育专业为实务占较大比例的职业培养所需的知识、技能与特质。具体包括各行各业的职业教育与培训，比如医疗卫生（医生、护士、牙医、理疗师、营养师等）、商务（会计、信息技术专家等）、基础设施（工程师等）以及创意艺术（音乐家及其他艺术表演者、艺术家、制片人/导演等）等行业领域的职业。这些职业皆需要学习和掌握各种实务、认知和习性上的技能，将知识运用于实现专门的职业目标，以及利用各种态度和习性来提升专业表现。对许多人来说，工作成就是义务教育后实践本位学习的主要背景与目标。因此，实践本位学习不仅限于 VET，而是包含了人们在职业、休闲与社会等许多领域中的努力（Billett，2014）。

二、深入认识实践本位学习数字化支持手段的理据

新冠疫情带来的最新形势迫使全球各地的教育机构纷纷停课（Bozkurt et al.，2020）。为了维继教育的社会宗旨与经济贡献，大部分国家都推动了所有教育层面与部门向数字赋能型学习的转变。这一摆脱传统面对面学习限制的巨大教学转变，过去和现在都仍在很大程度上依赖数字技术的辅助。所以，教育部门纷纷被迫迅速转型，从面对面教学转向虚拟学习环境（Bozkurt et al.，2020）。

文莫斯（Wenmoth，2020）运用富山健太郎（Toyama，2011）提出的"技术作为放大器"的概念，解释了疫情对教育的冲击如何迫使教育部门纷纷利用技术增强型学习（TEL）和数字赋能型学习来强化已有的教学法。这一切都源于从面对面教学骤然转向"远程"教学（即，师生之间无法进行物理接触）的倒逼变革。文莫斯（Wenmoth，2020）认为，这种"放大效应"很可能展示了技术在促进个性化（personalised/individualised）学习方面的潜力——其实，这已经成为一种常态；但也迎合了"内容"大于学习的这一壁垒，深化了弱势群体与优势群体之间本已存在的数字公平/接入（digital equity/access）鸿沟。关于教学模式从面对面向远程的转变，不少探讨"倒逼变革"的新近文献均以正规/义务教育部门或高等教育为背景。一如往常，关于职业教育与培训（VET）专业如何应对这种强行变革，文献非常有限。而 VET 部门研究的贫乏如今并不新鲜，也不大可能迅速改观（Billett，2014）。这种学术研究的缺失，有一部分原因在于，社会认为 VET 文凭的地位低于本科或更高的教育证书（Billett，2014）。相应地，鲜少文献研究如何推动以实践本位"边做边学"方法为主要成分的专业向线上教学转变，更不用说转向教师与学员之间无面对面接触的完全数字赋能型学习。

因此，本书贯穿始终的重心是支持实践本位学习。技术只是辅助学

习的工具和传送机制（Reeves & Lin，2020）。这需要确保做到，了解 VET 背景之后方能全面实施线上教学（即，数字赋能型学习）（Cox & Prestridge，2020）。推动依赖面对面实践本位教学法的 VET 系统迅速转型是一大挑战。然而，我们也许可以利用过往经验，确保 VET 系统变得更有韧性，确保 VET 数字赋能型学习增强可持续性、走得更加长远。那么，这些经验可以助力完善各种 VET 系统制度，包括经费结构、资格制度、对行业参与的注重以及 VET 学习评估方式等（Pilcher & Hurley，2020）。

故此，本书将探讨和揭示如何以数字赋能型学习支持 VET 领域的实践本位"边做边学"教学法。不过，如上节所述，实践本位学习渗透着一切人类事业。不论在识字/识数、体育、音乐、创意艺术、工艺/工业行业的职业还是在专业职业实务中，技能学习、"实务知识"运用以及达到精通各种活动所需的具体特质等，皆离不开学习和夯实相关的肢体动作、认知方法与特质/习性（如韧性、毅力、细心和自觉性等）。同理，本书介绍、探讨和扩展的各种理念与指南也应用颇广，不仅限于 VET 领域。

在教育部门内，对 VET 专业（programme of study）来说，由于该部门所包含和支持的教学活动性质，向数字赋能型学习的骤然转变尤其具有挑战性。总的说来，VET 专业，尤其是那些培养学员进入实践本位职业的专业历来采取面对面授课方式，而且侧重"边做边学"所概括的教学法。然而由于疫情，随着教育机构纷纷停课，实践本位学习与基于工作间、车间、工作室、培训厨房、餐厅和沙龙等场地的教学方法已经不再可用。在向数字赋能型学习转型的大趋势下，为了联络、激励和帮助学员，这些 VET 专业不得不转向异步学习管理系统（learning management system，LMS，比如 Moodle、Canvas、Blackboard 等）与同步通信工具（比如，现今著名的视频会议平台 Zoom）。这种向虚拟学习环境教学法转变的本身面临着多重挑战，毕竟原来的传统教学模式以小班教学为中心，而且学员在专门的学习环境中进行真实性实践。本书将论述这些挑战，同时介绍和批判各种克服挑战的策略。

一般来说,澳大利亚、新西兰、加拿大和英国等国家的 VET 专业和大学开设的专业旨在培养即将进入劳动力队伍的新手,支持"学徒制"学习体系以及为提升劳动力技能提供持续的职业发展机会(McGrath et al.,2019)。VET 专业严重依赖以职业工作为特点,能够接触机械、工具、材料及其他资源的学习环境。在疫情期间,只要工作场所能够开展业务,学徒和工作者的职场本位学习即可继续下去。然而,对于学习场地是在学校或高等院校的职前专业,这些实体学习环境发生停课就产生了重大的教学后果。由于难以复制特种机械,难以接触专业工具和材料,实践本位教学的效果难免打了折扣。因此,从实践本位教学向远程学习的转型一直是一项持续的挑战,需要精心计划和结构化、正式化的学习设计(Nichols,2020)。不过,为了确保那些培养学员工作能力的 VET 及有关专业能够迅速转向数字赋能型学习,这意味着需要更加密切地审视和了解实践本位教学方法,从而确保整个教育部门更好地未雨绸缪(Pilcher & Hurley,2020)。因此,本书各章梳理总结了有关理念,有助于深入了解数字赋能型职业教育与培训。

三、新西兰大环境

支撑本书介绍和探讨之理念的课题研究是在新西兰完成的。因此,这一节将介绍作为全书论述背景的新西兰大环境。这节内容将简要总结新西兰大环境,包括新冠疫情前、疫情期间与当前的局势,因为这个大环境是实践本位学习数字化赋能转型举措的历史社会背景。

(一)疫情前

新西兰教育系统规定 6~16 岁为义务教育阶段。通常来说,学生在 5 岁生日起或随后开始上学(第 1 学年),可以一直读到第 13 学年,这个阶段最终达到全国教育成绩证书(NCEA)第 3 级。这一资格是升入高等教育的敲门砖,学生可就读技术或理工学院(ITP),也可就读大学。在第 11 学年或第 12 学年修完 NCEA 第 1 级或第 2 级课业后,学生可以结业。这个年龄段的许多学生会升入技术或理工学院继续攻读"职业前"专业,参加学徒/工作本位培训,或者开始进入入门级职业。疫情前,新西兰的失业率很低(Trading Economics,2020),青年不就业、不上学或不受训(NEET,即"尼特族")的比例也低,大约为12%(Statistics NZ,2018)。

值得注意的是,新西兰的地理位置处在环太平洋火山地震带上,正好在澳大利亚与太平洋两大构造板块的交汇处。因此,地震、火山喷发和海啸等自然灾害频繁,民众时刻准备着应对突发意外灾害事件。笔者大部分职业生涯所在的工作单位坐落在新西兰南岛东海岸的克赖斯特彻奇市。2010年和2011年,该市经历了一系列破坏性地震,至今仍在震后恢复。因为十年前的一系列地震,笔者的工作单位经历了停课(参见Chan & Jenkins,2012),从中汲取的一些教训帮助学院做好了应对当前疫情的准备。尤其值得一提的是,信息技术(IT)基础设施和能力有所提升,而更多的重心也放在整合技术增强型学习(TEL)与赋能"混合式学习",使学生能够访问使用数字化学习资源,也能接触面对面教学班级的学习活动。虽然这种震后准备不会消减2020年疫情带来的挑战,但使学院略微与外界绝缘,同时有效应对迅速的变革。

(二)疫情期间

新冠疫情传入新西兰的时间晚于许多国家,在2020年2月末才发现首个病例,这时距中国发现新冠病例已经过去近三个月,而距欧洲各国病例开始增长也已经过去一个月(NZ Herald,2020a,July 3)。这个小优势源于新西兰的地理位置,让其有机会在病毒传入国内之前学习他国的抗疫经验。

新西兰的人口密度较低,500万新西兰人分布在两个主岛和若干小岛上。新西兰政府领导有方,采用科学的循证建议(Wilson,2020),自2020年3月19日起,对所有入境外国旅客关闭了边境口岸,仅面向归国的新西兰公民和永久居民开放(Wikipedia,2020)。此外,政府下令自3月25日起全国进入"封锁"状态,持续近7周才取消这一政策

（Wikipedia，2020）。至 5 月 13 日，这些社交、旅行、工作和教育禁令才逐渐减轻。除了边境持续关闭外，各种禁令逐步取消，国内生活回归至疫情前的活动水平，但 3 个月后，一系列新的毒株出现，迫使新西兰回归限制人口流动的政策。2020 年 8 月，疫情出现社区传播，迫使奥克兰市教育机构再度集体停课——奥克兰是新西兰最大的都市区，人口超过百万（NZ Herald，2020b，August 11）。迫于这一形势，所有教育部门亟须时刻保持警惕，准备好未来应对教学中断。

在 2020 年初暴发的第一波疫情期间，新西兰教育机构纷纷关闭，停课近 3 个月时间，并且在后续 2 个月时间里断断续续地复课。许多 VET 和高等教育机构的数字赋能型学习持续至第一个学期结束（6 月末），计划 7 月中旬开学迎来"正常"模式的第二个学期。由于封锁政策的发起速度太快，教育机构几乎没有时间为第一次数字赋能型学习转型做准备。在笔者的学院，复活节前后为期两周的期中"假期"提前一周，让教师们有时间进行课程准备。因此，4 月开学时，学院开设的 85% 的课程是通过"远程"学习进行的（Ara Institute of Canterbury，2020）。学习资源被上传至学院的学习管理系统（即，Moodle），教师 / 学员互动是通过论坛或同步使用 Zoom 等视频会议平台进行的。

我们的经验表明，在最难开展转型环节的专业中，以实践本位的车间或实验室 / 工作室本位的"实习课"居多，这些课程需要学生实地参与到体力任务和"边做边学"之中。当学员无法接触专用工具、材料和机械时，"边做边学"活动是难以复制的。由于大部分学习活动是通过在车间等场地的实习课进行的，鲜少有快速可获得的最新资源（如，记录工作流程的视频录像）。学院停课也意味着，讲师无法使用有关工具、材料和机械，因而无法反过来填补数字赋能型教学对"线上资源"的需求。

对比之下，若干学习方法基于项目 / 探究 / 问题解决的实践本位专业则能够继续开课，较少发生中断。这得益于相应专业的学习设计与可用资源。这些专业识别了项目本位 / 探究式 / 问题本位学习课程体系中可转向数字赋能型学习的部分，推迟"边做边学"的实操部分，留待回归面对面教学之后再授课，而其他涉及项目/产品/流程等计划、设计与开发的学习活动可以继续。

对笔者和学院的学习设计团队来说，上述观察突显了课程体系设计对整体专业结构与发展的重要意义。因此，重点在于，确保为实践本位学习选择的教学方法体系能够较好地关联线上/数字或非线上/技术转型。

（三）当前举措

随着一些国家的教育系统从数字赋能型学习回归"正常"的面对面教学环境与流程，教育界需要回顾和学习快速非计划性教学转变带来的经验教训。如上节所言，大约十年前，因为一系列地震的冲击，笔者所在学院经历了"倒逼变革"（Chan & Jenkins，2012）。由于当初的地震，学院近 6 个月无法使用主校区。信息技术（IT）基础设施也遭到破坏，因而学院能够用于教学活动的数字技术非常有限。不得已之下，各专业在俱乐部、教堂大厅、酒吧和会议室等替代场所提供面对面教学。学院开展了一项混合法研究（Chan & Jenkins，2012），评估各专业能够改良哪些学习设计，以应对教学场地和结构发生的转变，也评估各专业如何保留这些学习设计的变化。研究结果显示，各专业不愿保留变化，而且大多数专业选择回归原状。学院也不要求保留"灾后"新的教学方法。对许多专业来说，这一做法效果很好，因为这些课程的主要学习目标是确保学员能够体验真实性学习，达到在专业实践本位职业中工作所需的真实世界技能、知识与特质水平。然而，教育系统仍需做好准备，以随时应对当前或未来突发事件可能带来的又一轮数字赋能型学习转变。

"远程"教育在各个教育领域均有着悠久历史。因地理位置或工作繁忙之故，一直以来就有学员"远程"接受教育。最初，这种远程教育是通过邮政系统、广播和电视等通信渠道实现的。如今，大部分"远程教育"采用数字赋能型手段。对无法出席面对面课程的学员来说，学习设计需要精心考虑（Nichols，2020）。

四、实践本位专业向数字赋能型学习转型带来的挑战

这一节探讨和论述实践本位专业向数字赋能型学习转型背后的理由与带来的挑战。应当注意，从依赖"动手"实践或"边做边学"的教学方法转向无法支持动手实操的学习环境，这面临着多重困难。这一节论述的主要挑战是 VET 学员不愿参与学习管理系统（LMS），因为这些系统主要依赖文本素养，进而使这些学员的使用体验会有所偏离。

以新西兰 VET 为背景的过往研究发现，让 VET 学员参与通过学习管理系统实现的异步学习活动是一大挑战（Chan et al.，2013；Chan, Fisher et al.，2014）。为何难以将学习管理系统应用于 VET，用于完善实践本位学习方法？原因是多方面的。首先，这些系统需要较高的文本素养水平，而系统支持的许多工具又依赖读写和文本理解。其次，学习管理系统与学员之间的通信渠道也大多是基于文本的论坛或电子邮件。再者，学习管理系统的用户体验在很大程度上是线性的，而学习活动主要也是基于文本的。即使基于博客和维基平台的共建学习活动也建立在读写、阅读理解与回复的基础之上。还有，要想顺利操作学习管理系统，理解文本指令所需的学术素养也很关键。下文将分别简要论述上述理由。

文本素养是使用 LMS 的前提条件。LMS 源于高校存档和传播教学资源供学生学习这一需要。于是，这些系统优先以文本指令和交互来构建和开发（Coates et al.，2005）。LMS 支持的学习活动包括基于文本的论坛、博客、维基等，以及小测验等学习回顾。当这些系统用于"混合式"学习与技术增强型学习（TEL）方法时，可以让学员利用 LMS 托管的学习活动，起到辅助作用。然而，在整个课程 / 专业向数字赋能型学习转型方面，数字素养与公平问题会显现出来。此外，在学员仅可通过手机访问 LMS、流量数据包有限的情况下，部署那些需要下载 / 浏览多媒体文件（如，实践本位学习活动相关视频）的学习活动会变得更难。

LMS 与学员的主要通信渠道是电子邮件或论坛。这些通信形式又要求较高的文本素养。以往研究（Chan et al., 2013; Chan, Fisher et al., 2014）表明，许多 VET 学生不愿使用电子邮件。他们更喜欢短信或聊天，尤其是当学员仅可通过手机进入数字赋能型学习时。Facebook、WhatsApp 和 Instagram 等社交媒体一直好用，但这些平台存档的通信不在制度管控范围内。依赖社交网站带来的挑战包括隐私问题、道德问题以及平台某些功能停用或临时变更对教学手段可持续性的影响等。

通过比较 LMS 平台与 VET 学员主要浏览的网站，可以揭示出不少差异。如前文所言，若干研究表明，许多 VET 学员（Chan et al., 2013; Chan, Fisher et al., 2014）依赖使用手机进行一切数字互动。很多 VET 学员没有自己的台式电脑（即，个人电脑，简称 PC）或笔记本电脑（Chan, 2011）。笔者所属学院在 2020 年初的经历中，这一点也是显而易见的：在向数字赋能型学习转变时，逾 30% 的学生仅可通过手机学习（Ara Institute of Canterbury, 2020）。许多数字赋能型学习活动需要学员使用键盘才能实现最优信息输入，手机的屏幕键盘在文本输入和格式设置上比较笨拙。鉴于现今教育部门严重依赖 LMS 来存档、实施和支持远程学习，教育机构需要引入替代方案让 VET 学员参与到数字赋能型学习之中。本书将介绍和探讨上述部分问题。

另外，VET 学员还面临数字公平的挑战（Pearson, 2020）。如前文所述，在作者所属学院因疫情停课期间，30% 的学员没有属于自己的适宜硬件或无法使用足够稳定的 Wi-Fi 接入学院 LMS 托管的远程学习活动。在无法使用数字赋能型学习所需硬件和基础设施的情况下，加之教学活动从实践本位的面对面和"动手"学习机会转向线上课堂，VET 学员便处于更加弱势的地位。数十年来，非数字替代方案一直是远程学习的基石。因此，实践本位学习的"远程"教学设计需要考虑兼顾非数字手段与数字手段。

（一）"动手"学习的必要性

另一件难度很大的事情是以同步通信取代严重依赖"引导式练习"的实践本位学习中普遍存在的实体社会文化互动（Billett，2011）。教师示范演示视频与同步视频通信会话等基于视频的资源需要高带宽，故若无观看和参与同步课程所需的硬件和基础设施，学员也难以参与学习。一旦机构车间停工，同侪学习就会受到影响，学员也难以或无法接触各种专用设备、工具和机械——视有待学习的技能/实践类型而定。因此，重点在于识别实践本位学习的关键方面，然后研究如何采用数字和非数字教学策略来补充、增强、修改或转变已有的学习设计，促成卓有成效的远程学习。

目前，VET 领域的技术增强型学习（TEL）主要通过"混合式学习"构建其应用，或者主要用于增强实践本位学习环境（即，车间）中开展的传统学习活动。TEL 通常应用于实践本位学习环境，包括汽车生产车间、咖啡师培训室、前台接待台和护理咨询室等，用来支持面对面的学习活动（Chan et al.，2012；Chan，Taylor et al.，2014）。在这些学习环境中，技术是"边做边学"这一首要环节的辅助手段或工具。TEL 用照片或视频来记录面对面课程期间开展的学习活动。照片被用来编制学员生成的"e 教材"（Chan et al.，2012）。而视频则形成同侪学习与反思学习平台，用来学习难以描述的工作特质，包括酒店业工作人员践行的"服务导向"方面（Cran，1994）或者医疗卫生工作者在与患者及其家属讨论棘手问题时必须履行的"注意义务"/体贴交流（Chan，Taylor et al.，2014）。在进行角色扮演时，学习这些流程需要教师给予及时有效的反馈。视频能够记录许多转瞬即逝的反应，而学员正好需要观察这些反应，从中学习如何开展"情感劳动"（Korczynski，2003）、应对"棘手且紧张"的情形。虽然这些混合式学习环节可以转化成全面的远程学习或数字赋能型学习，但由于与亲友而非学习同伴组织角色扮演这一行为本身就是异步的，所以可能会失去反馈及时性。

（二）实践本位学习的多模态

数字和非数字资源与通信渠道的应用均可纳入实践本位学习中固有的某些多模态面向。实践本身涉及在物理/身体上参与人类所见、所闻、所觉、所感与融入的各种活动。面对复杂技能表现的整体存在与演绎，视频只能对其中的局部进行捕捉。增强现实（AR）与虚拟现实（VR）提供的潜在可能性延伸或促成了实践的某些多模态面向。然而，同样地，二者并不包罗专门职业环境中在实践发生时产生的完整鲜活经验。因此，重点在于识别关键的实践本位技能、知识或特质/习性所包含的显著学习模态。然后，我们可以利用数字或非数字辅助型学习，"解构"和增强实践本位学习中的这些关键要素。

本书将提出一些应对策略，供实践本位专业采用，以做足准备应对从面对面"边做边学"教学方法向数字赋能型学习的迅速转变。通过有效、切题的学习设计而引入的变革可以确保实践本位专业的有效性。

五、章节概览

这一节简要总结各章内容以及有关理念与论述之间的关联。

第 2 章（**"学习即成为"与"学会成为"过程以及技术增强型学习［TEL］在支持这一过程中发挥的作用**）总结后续几章采用的主要学习模式与框架，搭建起书中论述、建议与指引的整体框架。这章引入 VET 作为"学习即成为"环节的这一概念，作为支撑 VET 教学考虑因素的关键统摄性概念构想。然后介绍和扩展"学会成为"（learning to become）机制。在实践本位学习过程中，通过观察、效仿和练习进行模仿学习的成果，会帮助学员投入到许多职业特有的做事、思考、感知与做人方式之中（Chan，2020）。通过边做边学，职业新手能够有所见闻并感受（即，观察）具体工作方式的运作机制。在练习工艺、技术或职业特有的感知、思考、做事与做人方式过程中，学员也掌握了专门知识或技术。接下来，这一章将介绍反馈——作为一种支持"学会成为"

的手段。最后，提议将 TEL 作为辅助反馈过程的重要手段之一，有助于学员认识和达到职业认同的多方面要求。

第 3 章（**职业教育与培训［VET］中的技术增强型学习［TEL］：迄今为止的理论和方法**）论述在 VET 领域引入和部署 TEL 所面临的挑战。总的来说，将 TEL 融入 VET 课程体系面临的一大难题在于，需要确保学习的本真性。这一章将介绍主要的学习理论（即，行为主义、认知主义与建构主义）及其与 VET 实践本位学习和 TEL 或数字赋能型学习二者的关联。另外，还将论述和批判与 VET 相关的当代 TEL 模式及其与实践本位教学之间的关联。然后将综合分析这章介绍的理论，揭示当师生无法面对面接触时，如何通过数字赋能型学习开展实践本位学习。最后，这章将详细论述"推送—连通学习—提取"框架，为如何设计实践本位的 TEL/ 数字赋能型学习提供一个务实的设想思路。

第 4 章（**工作的未来及其对"学习即成为"、TEL 和 VET 教学法的影响**）总结未来职场对 VET 的要求。这章将定义与 VET 相关的工业 4.0 和教育 4.0。鉴于未来的工作充满各种挑战，VET 机构需要帮助学员做好应对准备。值得注意的是，VET 工作者需要能够识别和验证他们的"非技术性特有"技能、知识与特质，因为一旦特定职业过时了，这些技能、知识与特质会"迁移"至其他形式的工作中。这章将主张各种资格、教学方法和评估应具有灵活度，以便"学员"共建各自的学习目标并建设和参与"个性化学习环境"（personalised learning environments，PLEs），为自己的终身学习之旅提供助力。然后，这章将介绍学员参与数字赋能型学习的前提条件。学员需要具备数字公平、数字素养与多元素养的关键方面，也需要具备学习设计原则——作为与 TEL 或数字赋能型学习成功互动的先行条件。

第 5 章（**工业 4.0 的 VET 学习方法**）提出契合未来工作需要发展的有关技能、知识与特质 / 习性的学习方法。这些方法包括项目本位学习，而项目本位学习又可通过探究式学习和/或问题本位学习加以扩充。这些学习方法旨在支持学员达到关键技能、知识与特质水平。此外，工作准备就绪的成就有助于学员增强从一种职业转入另一种职业的能力。

最后，这章详细论述 TEL 在辅助各种学习方法中发挥的作用。

第 6 章（**TEL 支持 VET 迈向工业 4.0**）论述了利用 TEL 完善实践本位"边做边学"教学方法的"怎么做"与"做什么"两个方面。这章内容会有助于将学习技能、知识与特质的众多 TEL/ 数字赋能型学习"工具"和 APP 与前几章建议的各种学习方法匹配起来。然后，这章提出了多种支持实践本位学习的重要教学法，包括接触"教学意义丰富"或显著的经验、模拟实践、"让思维可见"于学员的辅助技术以及各种引导式学习（guided learning）范式。最后，这章提出和论述了一个框架，用以指导"弹性"和个性化的实践本位学习。

最后一章（**VET 4.0 中的 TEL 实现与未来可能性**）以总结前几章细述的理念与建议作为本书收尾。具体介绍和论述有助于实践本位学习数字赋能型学习之设计、开发与实施的部分建议与指导原则。另外，这一章还将介绍和考察各种"新兴"技术的潜力，以及概述贯穿全书的各种主题、理念与模式。

六、结语

第 1 章介绍和论述了本书的整体意旨与走向。首先介绍了本书的成书缘由与涉及的大环境，作为读者了解全书其他章节提出之各种理念、模式与建议的背景。作为绪论，这一章为后续几章设置了故事场景，旨在介绍当师生无法面对面接触且无法亲手使用车间 / 工作间 / 工作室等场所时，或者当某些专业采用数字赋能型学习方法时，数字技术可以如何支持实践本位学习。

参考文献

ABC Network. (2020, July 7). *Melbourne enters new coronavirus lockdown.* https://www.abc.net.au/news/2020-07-07/melbourne-lockdown-daniel-andrews-key-points/12431708.

Ara Institute of Canterbury. (2020). *AIRmail: Weekly information newsletter.*

Billett, S. (2011). *Curriculum and pedagogic bases for effectively integrating practice-based experiences.* https://vocationsandlearning.blog/resources/.

Billett, S. (2014). The standing of vocational education: Sources of its societal esteem and implications for its enactment. *Journal of Vocational Education and Training, 66*(1), 1–21.

Bozkurt, A., et al. (2020). A global outlook to the interruption of education due to COVID-19 pandemic: Navigating in a time of uncertainty and crisis. *Asian Journal of Distance Education, 15*(1), 1–126.

Chan, S. (2011). Becoming a baker: Using mobile phones to compile eportfolios. In N. Pachler, C. Pimmer, & J. Seipold (Eds.), *Work-based mobile learning: Concepts and cases: A handbook for academics and practitioners* (pp. 91–115). Peter Lang.

Chan, S. (2020). *Identity, pedagogy and technology-enhanced learning: Supporting the processes of becoming a tradesperson.* Springer.

Chan, S., Fisher, K., & Sauer, P. (2012). *Situated technology-enhanced learning through development of interactive etextbooks on net tablets.* Ako Aotearoa Southern Regional Hub Project Fund. Ako Aotearoa. https://ako. ac.nz/knowledge-centre/situated-technology/enhancedlearning-through-development-of-interactive-etextbooks/.

Chan, S., & Jenkins, M. (2012, March). *Institutional programme design strategies supporting forced change: Guidelines derived from case studies Christchurch earthquake on 22 February 2011.* Ako Aotearoa Southern Regional Hub Project Fund. Ako Aotearoa. https://ako.ac.nz/knowledge-centre/institutional-programme-design-strategies-suppor ting-forced-change/institutional-programme-design-strategies-supporting-forced-change/.

Chan, S., McEwan, H., & Taylor, D. (2013). *Extending hospitality students' experiences of real-world practice.* Ako Aotearoa Southern

Regional Hub Project Fund. Ako Aotearoa. https://ako.ac.nz/knowledge-centre/guidelines-for-improving-students-reflective-practice-and-digitalevaluation-skills/guidelines-for-improving-students-reflective-practice-and-digital-evaluationskills-derived-from-a-study-with-hospitality-students/.

Chan, S., Fisher, K., & Sauer, P. (2014). Student development of e-workbooks: A case for Situated Technology Enhanced Learning (STEL) using net tablets. In D. McConatha, C. Penny, J. Schugar, & D. Bolton (Eds.), *Mobile pedagogy: Perspectives on teaching and learning* (pp. 20–40). Hershey, PA: IGA Global.

Chan, S., Taylor, D., Cowan, L., & Davies, N. (2014, November). Deploying student/peer feedback to improve the learning of skills and dispositions with video. In J. Clayton (Ed.), *Sino/NZ VET Educational Research Forum*, 2014 Conference Proceedings. Tianjin, Peoples' Republic of China.

Coates, H., James, R., & Baldwin, G. (2005). A critical examination of the effects of learning management systems on university teaching and learning. *Tertiary Education and Management, 11*(1), 19–36.

Cox, D., & Prestridge, S. (2020). Understanding fully online teaching in vocational education. *Research and Practice in Technology Enhanced Learning, 15*(16), 1–22.

Cran, D. J. (1994). Towards validation of the service orientation construct. *The Services Industries Journal, 14*(1), 34–44.

Hipkins, C. (2020). *COVID-19: Government moving quickly to roll out learning from home [Press release]*. Available at www.beehive.govt.nz/release/covid19-government-moving-quickly-rollout-learning-home. Accessed 1 May 2020.

Korczynski, M. (2003). Communities of coping: Collective emotional labour in service work. *Organization, 10*(1), 55–79.

McGrath, S., Mulder, M., Papier, J., & Suart, R. (2019). *Handbook on vocational education and training: Developments in the changing world of work.* Springer.

Nichols, M. (2020). *Transforming universities with digital distance education: The future of formal learning.* Routledge.

NZ Herald. (2020a, July 3). *COVID-19 coronavirus: Global cases may spread until 'most of theworld is infected'.* https://www.nzherald.co.nz/world/news/article.cfm?c_id=2&objectid=12345158.

NZ Herald. (2020b, August 11). *COVID 19 coronavirus: Auckland in lockdown, rest of country in level 2.* https://www.nzherald.co.nz/nz/covid-19-coronavirus-auckland-in-lockdown-rest-of-country-in-level-2-four-cases-of-community-transmission/IIQ7CJFGRRABYS5T6WNEGF7S74/.

Pearson, M. (2020). A meta-analysis of COVID-19: Challenging Australias' vocational education sector. *Journal of Vocational Education Studies, 3*(2), 53–62.

Pilcher, S., & Hurley, P. (2020). *Skills for recovery: The vocational education system we need post-COVID-19.* Mitchell Institute for Education and Health Policy, Victoria University. https://www.vu.edu.au/sites/default/files/mitchell-institute-skills-for-recovery-the-vocational-educat ion-system-we-need-post-COVID-19-updated.pdf.

Reeves, T. C., & Lin, L. (2020). The research we have is not the research we need. *Education Technology Research & Development, 68*(4), 1991–2001.

Statistics NZ. (2018). *Rates of young men and women not earning or learning converges.* https://www.stats.govt.nz/news/rates-of-young-men-and-women-not-earning-or-learning-converge#:~: text=The%20seasonally%20adjusted%20number%20of,exceeded%20the%20number%20of%20women.

Toyama, K. (2011). Technology as amplifier in international development. In *Proceedings of the 2011 iConference* (pp. 75–82).

Trading Economics. (2020). *New Zealand employment rate 1986–2020*. https://tradingeconomics.com/new-zealand/employment-rate#:~:text=Employment%20Rate%20in%20New%20Zealand%20averaged%2062.84%20percent%20from%201986,the%20fourth%20quarter%20of%201991.

Wenmoth, D. (2020). *The amplification conundrum: What will we learn from the experience of learning remotely during the lockdown? And how will this inform what we do into the future?* https://wenmoth.net/2020/06/22/the-amplification-conundrum/.

Wikipedia. (2020). *COVID-19 pandemic in New Zealand*. https://en.wikipedia.org/wiki/COVID19_pandemic_in_New_Zealand.

Wilson, S. (2020). Pandemic leadership: Lessons from New Zealand's approach to COVID-19. *Leadership, 16*(3), 279–293.

第 2 章 "学习即成为"与"学会成为"过程以及技术增强型学习（TEL）在支持这一过程中发挥的作用

摘 要 本章介绍和详述"学习即成为"这一概念，作为支撑本书提出的许多方法与建议的统摄性框架。"学习即成为"或学习实现了具体形式的职业认同，它具有内在的优势与劣势，可以说是职业教育与培训（VET）的一大目标。然后提议如何通过学习职业特有的做事、感知、思考与做人方式来实现职业认同——VET 的核心目标。本章开篇综述了实现"学习即成为"的各种方式。接下来，论述"学习即成为"的教学意义——揭示人们"学会成为"的具体方式。在人们参与模仿过程与模仿学习时，即发生"学会成为"。紧接着，详述模仿与模仿学习的辅助性因素和相关的社会文化、社会物质因素。最后，本章论述技术增强型学习（TEL）可以提供及时有效的社会文化反馈和提供挖掘职业认同在社会物质层面的机会，从而为学习助力。

关键词 职业认同形成；模仿—观察；效仿与练习；模仿学习；实践本位学习；边做边学；社会文化；社会物质

一、引言

本章提出"学习即成为"（learning as becoming，或学习实现了具体形式的职业认同）这一概念，以帮助读者理解学员如何在文化上适应工作和实践中的专业表达。整章介绍的各种理念总结详见图 2.1。通过"学会成为"过程，学员能够见识和明白从业人员如何办事成事。学员还可学习如何解决问题，如何根据必备技能做出决策以及判断自己和他人的工作 / 绩效质量。借助自己具备的技能、知识与习性，学员可以想出职业特有的方式来建立和维持与行业人士 / 委托人 / 客户等各方的关系，以及有效利用专业工具、材料和机械等。因此，通过参与工作，学员学会"成为"或实现职业认同，最终学会如何做事、如何思考、如何感知以及如何做人（即，学会如何成为），正如他们的工作实践和互动描述的一样（Chan，2020a）。

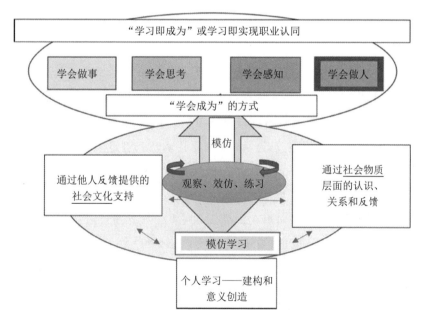

图 2.1　"学习即成为"与"学会成为"

如图 2.1 所示，"学习即成为"一定是通过模仿（mimesis）发生的（Billett，2014）。也就是说，人类活动是通过以下途径学会的：观察某个环节的任务或产出 / 终点，初步效仿工作任务在物理层面可观察的方面，以及对通过刻意练习和反省实践提升工作效率与效能进行持续关注（Ericsson，2006）。模仿是通过观察、效仿和练习（Billett，2014）且通过活动参与来学习生活技能、知识与习性的过程。本章介绍和扩展各个模仿环节。具体模仿环节包括：通过观察（看、听和感受其他工作者 / 教师执行任务）进行的初始和持续学习，通过简单效仿所观察的职责而触发的互惠学习（Chan，2017），学习和完善职业技能、知识与特质所需的刻意专注练习。然后，模仿学习（mimetic learning）指的是通过人际心理和内在心理历程而产生的学习方式（Billett，2014）。人际心理历程指社交对个人学习的贡献，包括人际关系与互动。这些相互关联包括社会文化层面（如，与同侪和更有见识的他者的相互关系以及这些人群给出的反馈等）与社会物质层面（即，与材料、工具、机械、数字设备和平台、工作环境等的接触与联结）（Chan，2020a）。内在心理历程则指，随着自己获得和确立人生经验，个人如何领会自己的学习，重新学习或忘却所学经历（Billett，2014）——也可将这种历程设想为社会建构主义的学习方式。

因此，"学习即成为"的支撑性因素被视为有助于个人实现职业认同的重要贡献因素，而"学习即成为"是借助社会文化和社会物质的互动及其相互关系来实现的。在本书中，社会文化因素对实践本位学习的贡献包括对学员个人努力的反应与反馈（Chan，2020a）。学员与学习活动的社会物质层面的互动则意味着在与职业实践专用的各种工具、机械、材料、环境等打交道的过程中，学员如何与振动、噪声、触觉等建立联系（Chan，2020a）。社会文化与社会物质的关系与互动均让学员有机会接触专业职业实践的微妙之处，获得他人对自己行为的反馈反应。所有这些"学会成为"环节皆有助于学员在整体上实现职业认同（即，"学习即成为"）。

反过来，模仿又依托于模仿学习的各个要素，包括通过两个主要渠道实现的最重要的反馈机制。两个渠道中,其一是社会文化互动以及与他人(要么是更有见识者,要么是同侪)的关系,其二是长期努力参与工作中的非人为方面,即社会物质层面(Fenwick,2010)。工作专用工具、材料、机械与环境在工作进展过程中为工作者提供重要反馈。通过调整身体姿势、使用工具或接触工作材料产生的触觉反应等,工作的社会物质层面反馈有助于学员完善和达成工作目标。随着工作进展,个人梳理一切信息/感官输入,形成关于如何推进学习工作任务的决策,领会工作的诸多方面,进而从新手进阶为专业从业人员(Ericsson,2006)。

(一)"学习即成为"通过"学会成为"发生的机制

通过"学习即成为"产生的职业认同离不开长期专注的实践本位学习,而后者又是通过模仿和模仿学习进行的。本节将详述这两个"学会成为"过程的规范。虽然本节将细述帮助学员学习如何"成为"的各要素,但重点在于了解模仿和模仿学习促成"学习即成为"的整体性。观察、效仿和练习这三个要素彼此照应,随着学习活动进行,彼此相融。在模仿过程中,学员参与观察、效仿和练习——随着学习推进,三者同时发生,并非是线性的,而且带有模仿学习的要素。

1. 观察

模仿学习过程中的观察环节包含人类如何感知世界所涉及的多模态。观察涉及眼观(Chan,2015)、耳听(Bijsterveld,2006;Rice,2010)、鼻闻、舌尝(Spence,2015)、心感与身触(即,温度、质地、味道等)(关于矿工与建筑工人如何感知工作环境中的固有"危险",详见"坑感"[1][pit sense,参见 Somerville & Abrahamsson,2003]和"场感"[site sense,参见 Aboagye-Nimo & Raiden,2016])。在职场本位学习中,通过 VET,学员以看/听/感来观察工作流程,了解从业人

---

[1] 矿工在隧道作业时用于导航和评估风险的一种知识形式。——译者

员如何完成或向他们演示工作任务。因此，VET 学员参与观察性学习的方式取决于具体情境。学习的实现途径包括：在正规课程 / 机构提供的课程 / 面对面培训课程上观察；参与工作本位学习；以及通过互联网访问可用资源等（具体例子参见 Torrey et al.，2009）。

对于参与工作前 / 入行前 / 见习前预备课程的学员或者参加模块课程或其他面对面培训课程的学徒来说，实操演示是他们观察实务技能表现的一大关键机会。在观察实操任务之后即是"边做边学"环节，即学员尝试执行任务和进行"掌握练习"（Baker & Young，2014）。接触真实的工具、设备、机械和材料，让学员有机会获得"动手"经验和接触工作任务的社会物质层面。随着学员熟能生巧，教师 / 指导员 / 导师等人会提供社会文化反馈与引导式练习（Billett，2011）。通常，为帮助学员掌握更加幽微的细枝末节，教师会重新演示任务。同侪学习（例如，参见 Chan & Leijten，2012）也是一种借助结对或小组工作帮助学员增强观察技能、磨炼实操能力的有用手段。

然而，对大部分实践本位学习来说，通过职场学习进行的观察性方面离不开"小心翼翼"（Nielsen，2007）或"观摩偷师"（Marchand，2008）。民族志研究文献中充满各种当代职场学习的例子——职场学习指新手通过初步参与入门任务、抓住机会观察职场实践，从而在文化上适应具体的职场实践。这些初学者的任务通常是在工作团队中完成的。这样，"新手"能够为职场生产效率做出贡献，但又不会给正常例行工作或生产效率带来多大风险。具体的初学任务例子包括比利特（Billett，1995）所说的美发学徒"茶水清洁"行为（即，为顾客和其他美发师端茶倒水，使发廊在整个营业日保持整洁）；笔者本人研究过的烘焙店学徒帮忙将产品从机器上转移至烤盘上，以供深度加工（Chan，2011）；克劳福德（Crawford，2009）讲述的摩托车机修工在入行初时为他的雇主处理内务；以及拉维（Lave，2011）描述的学徒裁缝师的最早任务是在快要制成的衣服上缝纽扣。这些初始工作经验为新手提供了观察日常工作节奏和成果的机会。重要的是，可以仿照熟练专业实践所需的习性，而且新手可以观摩"成品"。职场工作方法的具体方面包括模拟

"工匠精神"（Chan，2014）或"服务气质"规范（Cran，1994）以及学习"职场语言"（McLaughlin & Parkinson，2018）。

因此，对美发学徒来说，"茶水清洁"让他们有机会学习和练习与发廊顾客沟通的方式以及观察/感知各种理发护发任务（Billett，1995）。对烘焙学徒来说，在不同生产阶段"装盘"面包卷或糕点可以让他们熟悉烘焙生产需要遵守的标准或规范（即，每件产品的大小和形状的一致性、所需的工作速度等）（Chan，2011）。在克劳福德（Crawford，2009）给出的例子中，承担内务职责让学徒可以观察经营一家摩托车修理小店涉及的宏观层面。拉维（Lave，2011）所说的学徒裁缝师在参与纽扣缝制的同时能够探索整个成衣的复杂工序。因此，初学任务给新手机会观察职场老一套工作流程的具体运作或产品，这样既可获得新手生产力，又能减少不良后果。持续观察为学员提供了一个可以遵循、有望复制工作流程的模式。

通过互联网渠道观察实践技能，在当代对带来更多学习机会有着重要意义（Torrey et al.，2009）。学员不再受约束于知识获取或"大师"指导方面的困难——这些困难源于文化、语言或物理距离上的差异。辛格尔顿（Singleton，1989）提及的日本工艺陶艺师或布卢德（Boulud，2003）提及的法国厨师只能通过长期学徒关系习得技艺。如今，通过YouTube等数字平台上的视频即可在一定程度上习得这些技艺。由于视频教程的普及，针织等手工艺爱好现已迎来兴趣复兴（Heinemann & Moller，2015）。除了视频，人们还可随时访问基于网页的操作说明、信息图、动画等，借此了解实践本位任务的步骤。因此，通过数字手段，如今学员可以接触一些曾经难以获得或获取成本高昂的实践模式。而视频资源面临的主要挑战在于对影像和声音的依赖。通过观看复杂实践的演示视频（Fenwick，2010），学员可以推测出许多社会物质要素。对新手来说，视频教程记录的从业人员解说能够揭示执行复杂操作的相关洞见和微妙之处，有助于"让思维可见"（Collins et al.，1991）。不过，并非所有从业经验皆可从基于视频的实操资源中获得。

2. 效仿

人们认为，效仿这个模仿环节侧重于学员初次 / 初步尝试复制任务或流程（Chan，2017）。通过初步尝试，学员让自己对实践的解读可被他人所见（即，教师、其他工作者、培训师等）。通常，学员与更有见识的他者或同侪之间的互惠学习交流会产生社会文化互动（Chan，2017）。不过，重点在于确保支持这些交流，因为获取反馈取决于主导工作的文化，或者教师 / 教练 / 职场培训师是否在场，等等（Billett，1995）。

所以，学员通过初步尝试"摸索"工作方式，远远不是盲目的效仿。在学习技能的过程中，学员需要调整自己的身体位置，从人体工学上适应工具 / 机械的使用，并开始领会与工作任务的社会物质层面的互动所传达的讯息。吉泽（Gieser，2019）提及的电锯使用学习即是一个恰当的例子。电锯在木材上的声音和触感是使用电锯的重要社会物质层面，需要无数次尝试后才能达到"人锯合一"的境界。致知于行有助于学员确认自己对理论指导实践的认识，或者让他们有动力审视或重新评估自己的构想概念有没有收获预期反应。在初步尝试执行任务的过程中，学员可能评估规定任务表现出的习性 / 态度。因此，效仿将新手带入全新或不同的经验领域，而新手的初步试手让他们有机会获得社会文化或社会物质层面的表现反馈（Chan，2017）。

3. 练习

"熟能生巧"一词（Reder et al.，2020）说明了练习的重要意义。实践本位学习是模仿的一大特征，通常具有重复性，特别是在学习职业技能的初期。通过重复尝试夯实一项技能、领会并运用知识以及练习气质举止，学员逐步达到一定的流利度和速度，适应工作节奏。在做事过程中，某些技能 / 认知和态度方面会发展起来。通过练习，学员能够加强与任务联结的神经网络，从而实现动作的自动节律。最终，通过反复练习，学员会获得"肌肉记忆"（Hassanpoor et al.，2012），实现身体（如，测量和切割材料等）和认知（如，完成数值计算等）上的技能发展。练习还有助于学员巩固职业实践的理论方面。一些技能/知识和特质/习性组合被归入通过频繁使用和应用获得的隐性知识（Chan，2020b）。要达到这些必要的特质/习性水平，从而实现流畅专业的工作部署，练习也是一大前提。总而言之，练习通向具身学习（Hyland，2019）——从业人员自信且专业地处理工作，但通常很难描述工作任务是如何完成的，为何遵循特定流程或做出特定决策（Marchand，2007）。

达到专业水准的关键在于刻意练习（Baker & Young，2014；Ericsson，2006）。这种方法要求学员不仅反复操练技能，还要明白持续精进的必备条件。刻意练习这一概念的提出建立在对专业技能学习者的研究之上。不论是音乐家、棋手还是体育冠军，通过多番既定训练（比如，音乐家练习演奏音阶），他们最终才能达到专业水准。这些活动必须具有挑战性，但可通过努力实现。在实践本位学习过程中，学员需要留心辨别容易出错之处，并且选择和采取纠正行为。通过做事，学员能够深入领会实践中的程序性层面，最终做到流畅地执行任务。与学习活动中的社会文化和社会物质层面的互动以及这些层面的相互关系皆是不断提升刻意练习的重要贡献因素。

（二）"学会成为"工匠的整体性

本节利用学员实现职业认同之旅的一个方面来解释"学会成为"环节的整体性、嵌入性与综合性。许多 VET 职业均涉及施展工匠精神或手工技艺。工艺被视为一种内在的人类反应（Sennett，2008）。在许多手艺、行业和工匠作品中，达到专业水准的技能、知识与习性建立在人们自身工作表现的基础上。熟练工艺体现匠人的能力，他们能够自信地安排肢体动作和流利地使用工具、机械与材料等生产复杂产品或完成富有技术难度的流程。背后支撑这种熟练表现的是借鉴和运用抽象理念与实务知识，以及如行云流水般解决生产和流程中相关问题的能力。工艺还涉及执行和完成艰巨/严格工作所需的各种品质，包括毅力、自觉性、精确性、耐心和精益求精等（Chan，2020a）。因此，要想具备工艺所需的特质，需要长期深入参与模仿，达到高度专业化执业所需的感知水平。

大部分工艺专长会变成隐性知识（Chan，2020b）。换言之，从业人员会难以使自己的专长"可见"，难以言传自己在认知、肢体和习性上的努力。所以，模仿环节辅以模仿学习过程可帮助学员达到多模态认知范畴的能力水平，将他们的学问嵌入或融入（Hyland，2019）与其职业身份认同一致的行为之中。

（三）通过反馈辅助学习

本节将介绍、论述和梳理模仿学习（即，人际心理学习历程）的关键辅助因素与职业认同形成，涉及社会文化与社会物质因素。这些因素具体包括：更有见识的他者和同侪提供的反馈（即，社会文化因素）以及个人与工具、材料、机械和工作环境互动产生的反馈（即，社会物质因素）。通过"边做边学"，学员观察他人实践，尝试效仿他人的活动，在投入刻意练习的过程中收到社会文化和社会物质层面的反馈。

反馈是一切学习形式（包括实践本位学习）的一个重要贡献因素。通过反馈环节，个人可以完善对自己涌现能力的意义构建，不断精进自己的实践。以教育机构为例，在对的时间按正确频率提供的适当反馈对学员的效能具有很大贡献（Hattie，2009）。学员的效能是指，他们对自己在达成学习目标过程中的进展程度的认识。反馈让学员有机会判断自己处在什么水平，帮助学员评价自己的表现水准，以及提供充足信息让学员能够明白下一次如何改进实践。因此，关于反馈的建议有三：一是提供"上馈"（feed up），确保学员走在正轨上；二是就学员的任务表现或完成情况提供"反馈"（feedback）；三是提供"前馈"（feed forward），帮助学员厘清需要采取哪些后续进阶步骤或如何达到更好的表现水准（Hattie & Timperley，2007）。在工作本位学习中，上馈或许不如其他二者实用。在工作任务由人分派的生产导向性职场，情况尤其如此。然而，在与他人互动中，反馈和前馈都很重要（即，社会文化反馈）。关于工作的非人为方面提供的社会物质反馈，它的重要性在于衡量学员付出努力的有效性。接下来将探讨二者。

社会文化关系层面的反馈可以通过工作中的面对面互动、脱岗培训计划、在职学习前的专职准备等途径提供。比利特（Billett，2011）指出了有助于学习职业技能、知识与特质的实践教学法。这些教学法几乎都涵盖了相互关系层面，包括引导式学习（guided learning）、由"人手"和"向导"支持的直接指导以及间接或远端引导（distal guidance）等。社会文化学习支撑着人类发展（Rogoff，1995；Sterelny，2012）。人类从出生起就开始学习他人，而且可以通过各种途径增强模仿效果，包括模拟他人实践、发起模仿学习后的互惠学习（Chan，2017）以及刻意练习过程中的引导（Billett，2011）。如本章前文所述，社会文化互动需要学员方面具有能动性，也需要职场可供性（Billett，2011），二者兼具，互动才会有效。

实践本位学习之所以区别于"校本学习"，一个关键要素在于工作的社会物质层面提供的反馈具有重要意义。如上所述，工作的社会物质层面包括人与工作中的非人"参与者"之间的互动（Fenwick，2010）。社会物质层面包括工作过程中遇到的各种工具/设备、机械、材料、动物、自然环境等。紧跟前文的新手观察性学习和模仿学习的例子，下文给出的例子旨在帮助读者深入认识社会物质世界的广度与复杂度。

在比利特（Billett，1995）对美发学徒的研究中，入门的"茶水清洁"任务其实是一个重要的文化适应过程，帮助学员了解发廊的社交中介型世界。美发学徒必须学习如何解密资深美发师使用的沟通方案，也学习围绕顾客互动的极其复杂的社交礼仪。烘焙学徒获得了关键机会，开始与烘焙业的材料（即，面团、酱料、糖霜等）打交道，将产品转移到烤盘上或锡纸盒中，在履行这一职责的过程中，处理大量糕点（Chan，2011）。克劳福德（Crawford，2009）则从"内务"杂活中见识了摩托车修理的复杂细节，这些活动需要学徒识别、清理和收放各种工具与机器部件。在拉维（Lave，2011）提及的研究中，学徒裁缝师通过缝制纽扣和熨烫成衣，得以了解面料的重量与手感以及成衣的各部分构造。因此，与工作中社会物质层面进行初始互动的机会是实践本位学习的重要先行条件。

（四）数字技术在支持反馈中发挥的作用

本节将介绍技术增强型学习（TEL）和数字赋能型学习的作用，二者作为一种手段，支持模仿（即，通过观察、效仿和练习进行学习），以及在社会文化与社会物质层面反馈上具有潜力，用以辅助"学会成为"过程。TEL 能够有效用于完善实践本位的"边做边学"方法，从而加强反馈。在提供渠道促成社会文化交流、提供反馈的方面，TEL 尤其有用。反过来，社会文化反馈有助于让学员关注工作流程和任务的社会物质层面——这些方面通常是"实践出真知"。

TEL 可以用来辅助模仿。文本和视觉 / 图形资源颇有助益，但最实用的模仿技术是视频和沉浸式技术，比如增强现实或虚拟现实（AR/VR）。视频能够捕捉实践的许多模态。重要的是，视频能够捕捉许多微妙的动作和转瞬即逝的细节（即，快速闪过、半隐半现 / 难以观察到或断断续续的行为 / 活动）。另外，视频还可捕捉对人际沟通意义重大的"非语言"信号或暗示（Burgoon，1994）。因此，实践本位的动作 / 工作 / 表现与视频录像十分匹配。

当与支持实践本位学习的最佳方式相匹配时，视频可以实现效用最大化。实践本位教学方法包括：学员通过参与教学意义丰富或显著的学习活动而实现的接触与模拟（Billett & Noble，2020）；有助于"让思维可见"的技巧，包括引入和使用启发法（heuristics）、助记法（mnemonics）和半加工样例等；以及引导式学习（Billett，2011）。所以，视频可用来捕捉教学意义丰富 / 显著的实践实例，模拟实践且提供复杂操作技能的特写、带注释的视角，或展示"在制品"实例。然后，这些视频可用来提升人际心理学习历程（详见后文介绍）。学员还可总结、回顾或批判视频呈现的内容，从而更加深入地理解和反思相关实践。

至于其他潜在技术，包括仿真、AR/VR 和互动游戏等，详见后续几章。

数字技术有利于打通学员与同侪、教师或与同事之间的通信渠道，而社交媒体或社交网络平台的整合与利用即是其中一个方面。新冠疫情期间，视频会议技术得到广泛运用，不仅用于工作或学习，还用于与家庭成员和其他社会群体之间的社交，反映了面对面同步交流对人类的重要现实意义。

实践本位学习依赖于保障社会文化互动对模仿环节的支持。引导式学习是一种重要的实践本位学习教学法。引导途径可以是"近端引导"（proximal guidance），即学员在外部帮助下攻克自己难以达到的目标，迈向最终成功（Billett，2011）。引导也可以采取其他形式，包括直接或"动手"指导、间接或远端引导等（Billett，2011）。在采用异步 TEL 支持实践本位学习的情况下，间接引导会是主要的辅助形式。教师可以评注学员拍摄的反复尝试的视频，引导注意学员的身体姿势、动作或非语言交流。例如，视频可以用来提高酒店前台办理入住/退房流程的学习效率（详情参见 Chan et al.，2013；第 3 章）。然后，这些批注版视频可用来支持反思性学习讨论，帮助学员接触职业实践需要掌握的部分规范、程序与举止。

与所有数字技术在学习领域的应用一样，重点在于确保技术与学习目标接轨（Greenhow & Askari，2017）。故此，就实践本位学习而言，数字技术有助于学员充分利用社会文化相互关系。社交网站也是一种支持同侪学习和团队学习的途径。与上文视频应用的例子一样，社交网站也可连通学员与更有见识的他者，无论是教师、同事还是业内专家等。

二、结语

本章介绍和阐释了"学会成为"，此乃支持全书各章论述的统摄性框架。特别地，本章根据 VET 教学目标，论述了支撑实践本位学习、模仿和模仿学习的各种机制或流程。另外，本章还介绍了 TEL 对支持实践本位学习的贡献。TEL 具有提供及时学习反馈的潜力，可以补充面对面学习。对无法接触同步面对面学习和实践本位学习物理环境的学员来说，数字技术提供了借助视频和其他资源接触真实性实践的机会。同时，本章也提出如何利用这些资源来支持学习活动。重点在于确保学员积极接触这些资源，不仅观摩实践，而且要反思和批判实践。

参考文献

Aboagye-Nimo, E., & Raiden, A. (2016, September 5–7). Introducing site sense: Comparing situated knowledge in construction to coalmining. In P. W. Chan & C. J. Neilson (Eds.), *Proceedings of the 32nd Annual ARCOM Conference* (Vol. 1, pp. 467–476). Association of Researchers in Construction Management.

Baker, J., & Young, B. (2014). 20 years later: Deliberate practice and the development of expertise in sport. *International Review of Sport and Exercise Psychology, 7*(1), 135–157.

Bijsterveld, K. (2006). Listening to machines: Industrial noise, hearing loss and the cultural meaning of sound. *Interdisciplinary Science Reviews, 31,* 323–337.

Billett, S. (1995). *Structuring knowledge through authentic activities.* Unpublished Ph.D. thesis. Griffith University.

Billett, S. (2011). *Curriculum and pedagogic bases for effectively integrating practice-based experiences.* https://vocationsandlearning.blog/resources/.

Billett, S. (2014). *Mimetic learning at work.* Springer.

Billett, S., & Noble, C. (2020). Utilizing pedagogically rich work activities to promote professional learning. *Education Didactique, 14*(3), 137–150.

Boulud, D. (2003). *Letters to a young chef.* Basic Books.

Burgoon, J. K. (1994). Non-verbal signals. In M. L. Knapp & G. R. Miller (Eds.), *Handbook on interpersonal communication* (pp. 229–285). Sage.

Chan, S. (2011). *Belonging to a workplace, becoming and being a baker: The role and processes of apprenticeship.* Unpublished Ph.D. thesis. Griffith University. https://research-repository.griffith.edu.au/handle/10072/365901.

Chan, S. (2014). Crafting an occupational identity: Learning the precepts of craftsmanship through apprenticeship. *Vocations and Learning, 7*(3), 313–330.

Chan, S. (2015). The contribution of observation to apprentices' learning. *Journal of Vocational Education & Training, 67*(4), 442–459.

Chan, S. (2017). The reciprocity of 'imitative learning' through apprenticeship. *Vocations and Learning, 10*(3), 325–342.

Chan, S. (2020a). *Identity, pedagogy and technology-enhanced learning: Supporting the processes of becoming a tradesperson.* Springer.

Chan, S. (2020b). Learning the tacit dimensions of craft and industrial trades work through apprenticeship. In R. Hermkes, T. Bonoswski, & G. H. Neuweg (Eds.), *Tacit knowledge.* Bertelsmann.

Chan, S., & Leijten, F. (2012). Using feedback strategies to improve peer-learning in welding. *International Journal of Training Research, 10*(1), 23–29. https://doi.org/10.5172/ijtr.2012.10. 1.23.

Chan, S., McEwan, H., & Taylor, D. (2013). *Extending hospitality students' experiences of real-world practice.* Ako Aotearoa Southern Regional Hub Project Fund. Ako Aotearoa. https://ako.ac.nz/knowledge-centre/guidelines-for-improving-students-reflective-practice-and-digitalevaluation-skills/guidelines-for-improving-students-reflective-practice-and-digital-evaluationskills-derived-from-a-study-with-hospitality-students/.

Collins, A., Brown, J., & Holum, A. (1991). Cognitive apprenticeship: Making thinking visible. *American Educator, 15*(3), 38–47.

Cran, D. J. (1994). Towards validation of the service orientation construct. *The Services Industries Journal, 14*(1), 34–44.

Crawford, M. B. (2009). *Shop class as soulcraft: An inquiry into the value of work*. Penguin.

Ericsson, K. A. (2006). The influence of experience and deliberate practice on the development of superior expert performance. In K. A. Ericsson, N. Charness, P. J. Feltovich, & R. R. Hoffman (Eds.), *The Cambridge handbook of expertise and expert performance* (pp. 685–705). Cambridge University Press.

Fenwick, T. (2010). Re-thinking the "thing": Sociomaterial approaches to understanding and researching learning in work. *Journal of Workplace Learning, 22*(1/2), 104–116.

Gieser, T. (2019). Sensing the knowing noise: An acoustemology of the chainsaw. *Social Anthropology/Anthropologie Sociale, 27*(1), 50–61.

Greenhow, C., & Askari, E. (2017). Learning and teaching with social network sites: A decade of research in K-12 related education. *Education and Information Technologies, 22*(2), 623–645.

Hassanpoor, H., Fallah, A., & Raza, M. (2012). New role for astroglia in learning: Formation of muscle memory. *Medical Hypotheses, 79*(6), 770–773.

Hattie, J. (2009). *Visible learning: A synthesis of over 800 meta-analyses relating to achievement*. Routledge.

Hattie, J., & Timperley, H. (2007). The power of feedback. *Review of Educational Research, 77*(1), 81–112.

Heinemann, T., & Moller, R. L. (2015). The virtual accomplishment of knitting: How novice knitters follow instructions when using a video tutorial. *Learning, Culture and Social Interaction, 8*(1), 25–47.

Hyland, T. (2019). Embodied learning in vocational education and training. *Journal of Vocational Education and Training, 71*(3), 449–463.

Lave, J. (2011). *Apprenticeship in critical ethnographical practice*. Cambridge University Press.

Marchand, T. H. J. (2007). Crafting knowledge: The role of 'parsing and production' in the communication of skill-based knowledge among masons. In M. Harris (Ed.), *Ways of knowing: New approaches in the anthropology of experience and learning* (pp. 181–202). Berghahn Books.

Marchand, T. H. J. (2008). Muscles, morals and mind: Craft apprenticeship and the formation of person. *British Journal of Educational Studies, 56*(3), 245–271.

McLaughlin, E., & Parkinson, J. (2018). 'We learn as we go': How acquisition of a technical vocabulary is supported during vocational learning. *English for Specific Purposes, 50*(April), 14–27.

Nielsen, K. (2007). Aspects of practical understanding: Heidegger at the workplace. *Scandinavian Journal of Educational Research, 51*(5), 455–470.

Reder, S., Gauly, B., & Lechner, C. (2020). Practice makes perfect: Practice engagement theory and the development of adult literacy and numeracy proficiency. *International Review of Education, 66*(2), 267–288.

Rice, T. (2010). Learning to listen: Ausculation and the transmission of auditory knowledge. In T. H. J. Marchand (Ed.), *Making knowledge: Explorations of the indissoluble relation between mind, body and environment*. Wiley-Blackwell.

Rogoff, B. (1995). Observing sociocultural activity on three planes: Participatory appropriation, guided participation and apprenticeship. In J. V. Wertsch, P. Del Rio, & A. Alverez (Eds.), *Sociocultural studies of mind* (pp. 139–164). New York: Cambridge University Press.

Sennett, R. (2008). *The craftsman*. Allen Lane.

Singleton, J. (1989). Japanese folkcraft pottery apprenticeship: Cultural patterns of an educational institution. In M. W. Coy (Ed.), *Apprenticeship: From theory to method and back again* (pp. 13–30). State University of New York Press.

Somerville, M., & Abrahamsson, L. (2003). Trainers and learners constructing a community of practice: Masculine work cultures and learning safety in the mining industry. *Studies in the Education of Adults, 35*(1), 19–34.

Spence, C. (2015). Just how much of what we taste derives from the sense of smell? *Flavour, 4*(30), 1–10.

Sterelny, K. (2012). *The evolved apprentice: How evolution made humans unique*. MIT Press.

Torrey, C., Churchill, E., & McDonald, D. W. (2009). Learning how: The search for craft knowledge on the internet. In *CHI 09 Proceedings of the SIGCHI conference on human factors in computing systems* (pp. 1371–1380).

第3章 职业教育与培训（VET）中的技术增强型学习（TEL）：迄今为止的理论和方法

摘 要 本章的主旨围绕论述技术增强型学习（TEL）在职业教育与培训（VET）中发挥的作用。首先，本章将概述与TEL/数字赋能型学习相关的主要学习理论。具体介绍和评价各大学习理论的以下方面：与"学习即成为"总体理念的适配度；如何助力"学会成为"过程；以及与部署TEL来强化VET和实践本位学习的相关度。然后，总结这些学习理论，使之适用于实践本位学习。紧接着提出一个务实的框架来帮助构建实践本位学习方法。最后作为例子，将介绍如何将这个务实框架应用于TEL。

关键词 数字赋能型学习；远程学习；数字工具和平台的可供性；数字素养；多模态性；多元素养

一、引言

总的来说，TEL或数字赋能型学习（elearning）已经广泛应用于"混合式学习"（blended learning）方法，成为改进实践本位学习的辅助因素。混合式学习指，利用数字技术明智地设计、开发、引入和实现结构化学习。在混合式学习的教学架构中，有的学习活动基于面对面

（f2f）互动，而其他课程则利用线上学习管理系统（LMS）提供的或来源于互联网的学习资源（Bowyer & Chambers，2017）。如第 2 章所述，TEL 可用于补充和增强来自 VET 中社会文化和社会物质层面的反馈。这些 TEL 学习活动有助于学员发展技能、运用知识和养成习性 / 特质。

要转变为无面对面物理接触或无法接触实践本位学习环境的数字赋能型学习模式，教育界需要深刻认识课程体系的学习设计基础及其伴随的学习方法。因此，本章将概述对 TEL 的设计、开发、实施施以影响的一些基本学习理论，以期为实践本位学习的教学法提供帮助（即，如第 2 章介绍的，教学意义丰富 / 显著的学习机会所支持的实践本位学习；模拟实践；让学习或思维可见；以及引导式学习［Billett，2011］）。

二、与 TEL 相关的关键理论

对于支持实践本位"边做边学"过程的 TEL，本节将审视和批判与之相关的框架与模式。下文将介绍和论述若干学习理论/框架与模式。这些理念多种多样，归因于多维度且错综复杂的人类认知架构，也归因于人类社会受到的社会文化、政治和历史动态影响所塑造的固有复杂性（Jonassen，2009）。没有任何一个理论 / 框架 / 模式能够包罗人类认识世界的无数种方式。故而，有许多理论 / 框架和模式尝试解释学习的发生机制。乔纳森（Jonassen，2009）罗列了多种认识学习发生机制的方式，具体如下。下文括号里提供了本章论述对应的学习理论，以帮助读者将学习发生机制与相应理论联系起来。下列每个条目代表一种学习发生方式：

- 处理、存储和检索信息（即，认知主义理论）；
- 涉及大脑里的生物化学活动（即，认知主义在神经科学方法上的进展）；
- 改变行为或习性（即，行为主义理论）；
- 涉及发展阶段（即，发展性学习理论——本书并未详述，而是在认知主义部分加以简略介绍）；

- 引起观念转变（即，建构主义与变革性理论）；
- 解决问题（即，建构主义理论）；
- 社会协商（即，社会建构主义理论）；
- 活动（即，社会建构主义理论以及关于学习的活动理论与文化理论）；
- 增进环境可供性（即，生态理论——未加论述）。

上述列表所支撑的观点是，我们可从多个视角来认识人们是如何学习的。因此，为方便探讨，本节选取和界定了契合实践本位学习的理论。图 3.1 总结了本章介绍和探讨的各种模式 / 理念和框架之间的关联。总而言之，这些选定的学习理论契合 VET 的总体目标，因为 VET 的统摄性目标是帮助学员为有偿工作或升学进修（即，"学习即成为"——①）做好准备。要想帮助学员做好就业准备，帮助他们参与职场学习"成为"专注于职业的从业人员，VET 需要强调支持模仿学习的内在心理历程。也就是说，学员需要在外界帮助下领会和构建自身经验的意义。模仿学习的人际心理历程也可增进个人学问，主要是通过他人的反馈（即，社会文化层面），以及与实践涉及的社会物质层面进行的互动（总结见图中②所示的方框与箭头，关于这些理念的深入探讨，参见第 2 章）。

在此，笔者将更加详细地论述一个与 VET 目标非常契合的学习理论。建构主义学习理论的规范暗示了学习目标是主动的（即，参与和促进与学员的学习共建）、真实的（帮助学员在"学会成为"方面做好准备，防患未然）、个性化的（即，学员有机会计划和安排自己的学习，教学有机会做到差异化以契合学员的目标）（Tobias & Duffy，2009）（③所示的方框）。然后，本节将介绍与提供主动、真实、个性化的 VET 学习机会最为契合的教学方法。比利特（Billett，2011）总结说，这些教学法有助于支持和增强实践本位学习表现。在此，按主题组织这些教学法，分别为：参与教学意义丰富或显著的实践；模拟实践；帮助学员通过学习设计来学习有难度的技能和 / 或复杂知识与特质 / 习性，从而让学习或思维变得"可见"；以及引导式学习（⑤）。

　　为使实践本位学习与 TEL 接轨，教育部门需要部署良好学习设计（④），其发展得益于已提出的"推送—连通学习—提取"模式（⑥），详见本章末尾部分的论述。

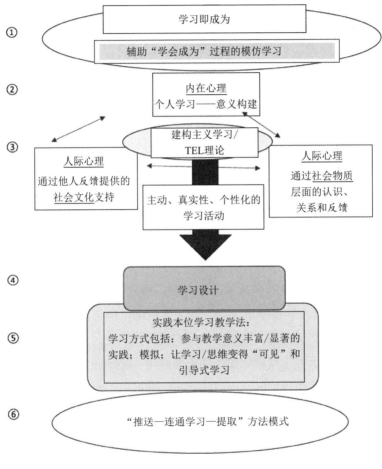

图 3.1　以 TEL 和远程学习支持 VET

三、学习理论

　　学习理论定义和考察学习的发生机制。学习理论绝非定论，而且由于学习发生在广泛的情境之中，所以了解部分学习理论如何解释学习可

为教师和课程体系 / 教育 / 教学或学习设计人员提供工作指导框架。

首先，本节将介绍和评价主要的统领性学习理论。这些主要学习理论包括行为主义、认知主义和建构主义，外加社会建构主义的社交层面。如上面第二节所述，建构主义学习理论与实践本位学习的学习目标最为契合。行为主义和认知主义两种学习理论也颇为相关，有益于实践本位学习，因为二者提供的基础理念有助于人们了解学习本身。因此，本节将介绍和论述这三种理论，简略关注行为主义和认知主义的相关方面，更加深入探讨和批判建构主义学习理论。至于每种理论如何助力实践本位学习，下文将给出 TEL 作为例子。

（一）行为主义

以行为主义为中心的学习理论在 20 世纪上半叶颇有影响力（Jonassen, 2009）。主要理论创立人包括华生（Watson）、斯金纳（Skinner）和桑代克（Thorndike）。行为主义聚焦可观察的学习成果，以及学员对学习这一刺激的相应反应。与实践本位技能学习相关的主要理念是，要求学员对刺激做出反应时，通过较小的摸索或试错（trial and error）增量来取得学习进展。如果学员的反应得到巩固，不论通过外部还是内部奖励机制，那么这些反应会得到强化，而学习会变得根深蒂固。这种教学方式被称为操作性条件作用（operant conditioning），也称为工具性条件作用（instrumental conditioning），利用奖励惩罚来刺激行为。获得奖励被视为有助于巩固行为目标，而惩罚会导致行为消退。

行为主义理论在 VET 教学上的主要应用是能力本位评估（competency-based assessments）的广泛应用。遗憾的是，许多国家或地区过度强调能力本位评估的结果，导致 VET 教学走向原子化（Hodge, 2014）。本节无意长篇幅批判大部分 VET 教学对能力本位评估的落实与利用。笔者只想说，依赖狭隘地关注可观察的技能与习性以及可量化的知识产生了不利后果，有损于人们认可不同职业广泛多元的复杂技能、知识和特质 / 习性（Billett, 2006）。

行为主义学习理论也启发了教学方法与数字技术运用。以"程式化教学"（programmed instruction）的应用为例，这种教学法导致学习原子化，变成更小的"组块"（chunk），每个组块均有具体的学习目标（Schmidt & Mamede，2020）。在这种自定步调或"分支型/自适应"学习中，学员修读每个"模块"（module），在每个模块修完且成绩令人满意后，方才继续学习下一模块。这种学习形式至今仍然盛行，而且最好理解的 TEL 方法是运用小测验（尤其是带有自适应功能的小测验）来学习或重温知识。

（二）认知主义

在整个 20 世纪下半叶，随着计算机技术的到来，计算机类比被用来解释学习是如何发生的。在解释复杂学习过程这一方面，行为主义仅走了一小段路。而认知主义提出，学员不只是接受刺激并做出反应。相反，认知主义假定，在大脑处理"信息"和以短期或长期记忆形式存储信息过程中，学员发挥着积极作用（Schmidt & Mamede，2020）。主要理论创立人包括：皮亚杰（Piaget）——他提出的儿童认知发展理论（即，学习发展理论）仍然经受得起时间考验；布鲁纳（Bruner）——"支架式"（scaffolding）学习理论；奥苏伯尔（Ausubel）——关于大脑"组织"学习的理论；以及加涅（Gagné）——教学事件（instructional event）理论。

虽然如今被当代神经科学研究扩展了，但认知主义中有些建议确实有助于计划和构建学习资料，以供教学使用。具体建议包括：运用学习干预手段来借鉴学员的先前知识；帮助学员处理新增信息；以及巩固学问使之成为长期记忆（Schmidt & Mamede，2020）。举个实用的例子，加涅等人（Gagné et al.，2005）提出的"九大教学事件"成为各大教育部门和教育方法教学/课程体系设计的大部分根基。教学事件包括：引起学员注意；确保学员接收到信息，明白学习目标；鼓励学员回忆先前知识，将其与新知识联系起来；给学员时间和资源进行练习；向学员提供关于学习表现的及时、中肯的反馈；检查学员确已达成既定学习目标后，方可让学员继续；以及给学员进一步温故的机会，以加强记忆保持，帮助学员将习得的知识、技能或习性迁移至类似情境之中。这些"教学事件"已被用作学习设计行为的框架（参见第4章）。TEL学习设计可以借鉴这些教学事件。例如，在使用视频帮助学员学习前台接待实践所需的复杂习性和操作技能方面，相关研究著述（Chan et al.，2013）即以上述九大教学事件为框架。

（三）建构主义学习理论与 VET

20世纪后期，人们深入了解个人学习机制后，观念发生了转变，开始采用建构主义学习理论。建构主义的规范是杜威（Dewey，1916）提出的，而社会建构主义理论是通过复兴维果茨基的著述（Vygotsky，1998）确立的。建构主义理论提出，学习是一个意义建构过程，即个人建立起他们所在世界及其众多影响因素的基模（schema，也译作"图式"）（Richardson，2003）。社会建构主义带来的一大贡献是他人（即，父母、教师、同侪等）向个人学习经验和成果提供的帮助（Packer & Coicoechea，2000）。因此，这些理论是能够助力实践本位 TEL 的"良配"。

1. 建构主义教学法

建构主义教学法着重确保学习可容纳各种机会，包括：让学员积极参与学习；专注于达到学习目标和成果；容纳同侪学习机会；让学员能够个性化地设置自己的学习方法与目标以及赋能各种差异化学习形式，即每位学员按自己的节奏、能力水平和架构进行学习（Lam et al.，2020）。此外，建构主义教学法还匹配各种学习主张所建议的方法，包括主动学习（Prince，2004）、以学生为中心的学习（Wulf，2019）、差异化学习（Morgan，2013；Tomlinson，2003）以及经验学习（Kolb，2015）。这些学习方法的共同目标是开发利用学习活动，让学员参与到本真的、情境学习的体验之中。通过帮助学员建立起新知识与个人生活之间的联结，可以鼓励学员构建个人经验的意义。

建构主义学习机会能够为个人提供检验新涌现的认知和学问的环

境。在做事过程中，随着"新知"融入已有经验和视角，学员借助萌芽期的理念来处理和思考经验知识。不同的学习侧重点可以用来鼓励学员共建自己的学习日程、目标与路径。学习支架被视为一个重要的建构主义原则（Tobias & Duffy，2009）。学员审视自己当前的认知 / 技能与习性发展达到了怎样的水平，然后启动下一阶段的学习，迈向某种形式的"最终目标"或预期学习成果。VET 目标侧重于为职业实践和专业知识做好准备工作和持续的专业成长。因而，建构主义教学法与 VET 学习成果非常一致，特别是在真实性学习机会能辅助主动学习的情况下。在此，举一个建构主义原则的应用实例：汽车专业的学生利用在车间实习课上收集的图片与评注来编制自己的 e 教材（Chan et al.，2012）。通过与个人学习证据的积极互动，这些学员得以深入了解入门级汽车工程流程。

2. 建构主义学习理论与神经科学

值得注意的是，神经科学研究人员当前也对人们了解学习发生机制、了解如何更好地支持学习做出贡献。新近的神经科学研究发现证实了建构主义教学法的许多规范（Nugent et al.，2019），也对数字学习的融合有所影响（Mayer，2017）。接受神经科学研究成果并且将其应用于学习是有附带条件的。斯努克（Snook，2012）告诫人们需谨慎对待已经进入教育实践的各种"神经学迷思"，比如左右脑思维分工、"学习风格"、学习仅使用 10% 的大脑、男女大脑不同等。这些附带条件获得了瓦尔马等人（Varma et al.，2008）的认同，后者认为，在预览有关的学习建议时，必须考虑到神经科学研究的专业性和（有时甚至）原子化性质。不过，教育神经科学领域的进步有着广阔前景（Nugent et al.，2019），只是需要带着批判的眼光评价这些成果在教学实践中的应用（Snook，2012）。

3. 社会建构主义

社会建构主义学习的重点在于，学习不仅涉及个人（即，内在心理层面），而且涉及学员能够接触的学习环境和获得的社会支持，后者有助于个人构建意义和取得学习进展（即，人际心理层面）。通过参与社会环境，学员得以"习得"所在学习环境中弥漫的实践与想法。人们认为，维果茨基的理论帮助奠定了社会建构主义的规范。维果茨基的学习理念是 20 世纪初发表的，在苏联更为人熟知。到 20 世纪 70 年代，斯克里布纳（Scribner，1984）、罗戈夫（Rogoff，1995）和拉维（Lave，2011）等社会民族志学家发扬了维果茨基的理论。下文将介绍和论述社会建构主义的主要理念。具体包括：维果茨基的"最近参与区"（zone of proximal participation）概念——有助于以社会建构主义理论解释支架式学习；认知学徒制（cognitive apprenticeship）——用来让正规学习回归本真；以及实践社群（communities of practice，COPs）（Lave & Wenger，1991）——隐喻学员进入且融入特色鲜明的实践本位组织。

最近参与区

最近发展区（zone of proximal development，ZPD）是支架式学习这一概念的延伸，其重要的新增要素是更有见识的他者（即，父母、教师、同事、培训师等）发挥的作用。最近发展区指学员当前能够达到的水平与学习目标之间的差距。支持者的作用是帮助学员弥合这一区间，具体手段是在学习过程中提供支架（若有需要）和中肯的反馈。反馈是支持学员跨越这一区间的一大支柱。

如第 2 章所述，TEL 的助益在于，提供异步反馈渠道（如，通过使用"投递箱"［drop box］上传学员的学习证据，然后让教师反馈）或使用学员和教师可同时编辑的"共享文档"提供同步反馈渠道。同步数字技术运用提供的及时性有助于将最近发展区积极应用于改善实践本位学习，在使用视频会议系统而非聊天室或文字等基于文本的沟通系统的情况下，尤其如此。

认知学徒制

柯林斯等人（Collins et al.，1991）将学徒制学习的规范反用于正规学习（即，学校）环境。在应用于辅助识字和识数的发展时，认知学徒制包括下列原则：

- 向学员提供可供探索的实践模式或范本/产品。模拟对象通常由教师提供，但也可来自同侪。
- 辅导——具体形式是给予学习提示/暗示，对学员的尝试做出反馈，给予温馨提示等。
- 建立学习支架来支持学员进步。随着学员获得自信与能力，教师的帮助将逐步淡出。
- 鼓励学员明确表达自己的知识和认识，"让学问可见"。
- 辅助学员更好地认清具体如何学习技能、理念或行为，养成反思性学习的习惯。
- 还应鼓励学员去摸索如何将新学会/习得的技能应用于其他实践领域，帮助学员将自己的学识"迁移"至其他情境。

认知学徒制与实践本位学习尤为相关。在应用 TEL 方面，上述认知学徒制过程可以引导课程或课堂计划。例如，在认知学徒制过程的支持下，使用视频来帮助实践的提高意味着，学员可以接触模拟版的实践，他人能够以添加评注（即，突出强调姿势、动作等）和对学员视频提供音频反馈的形式，向学员提供练习反馈，学员反复练习，在收到反馈后进行反思，再反复练习提高表现水平。

实践社群

以帮助学员跨越最近发展区为导向的认知学徒制又有另一理念的支持，即学员及其支持者成为实践社群（COP）的成员。"实践社群"一词是拉维和温格（Lave & Wenger，1991）创造的，衍生自一系列职场本位的民族志观察。人们在共同宗旨的驱使下聚集在一起参与集体学习，如此便形成实践社群。根据拉维和温格（Lave & Wenger，1991）的定义，实践社群由多个领域、社群和实践组成。领域是将实践群体聚在一起的共同阵地。在职场中，共同阵地是共同宗旨和核心目标，有其"局内人"的语言/行话、局部风俗及共同实践。社群提供滋养学习的社交互动。对于所在实践社群的"做事方式"与众多社交习惯和独特之处，职场新人在引导下得以入门——正是这些特质将不同的实践社群区分开来。实践则指让实践社群聚在一起的活动。具体实践涉及实践社群作为一个团队共事的流程、具体的专业工作方法以及实践社群对内或对外分享知识与专长的方式等。

数字技术为实践社群提供了交流手段。实践社群可创建具体的交流空间和知识库档案。实践社群的流行可追溯至该理念发端之时,当时在数字技术的加持下,社交网络应运而生。我们可将联通主义(详见下文)设想为以下二者的合成,即社会建构主义的规范与实践社群的存在前提(尤其是后者)。

这里,举一个上述社会建构主义规范的应用实例——有一个项目通过引入和支持同侪学习来提升新手学习焊接的体验(Chan & Leijten,2012)。鉴于学习焊接技能涉及的复杂因素与挑战,支架式学习、最近发展区、认知学徒制与实践社群等原则构建起的同侪学习有助于改善技能习得成果。

联通主义

互联网的到来也带来了学习"民主化"。这里的"民主化"是指,得益于互联网提供的信息获取渠道,人类社会能够参与到知识建设(如,博客、维基及其他社交媒体平台)之中,并且为之贡献力量。联通主义源起于西门子(Siemens,2005)与唐斯(Downes,2008)的著述,两位学者提出,互联网的庞大信息源泉可被视为可联通的"节点"。这些包含信息、数据、图像等要素的节点能够被轻易地重新配置/重新定位以及上传/共享。联通主义描绘的探索可能性与建构主义学习方法颇为契合。

(四)建构主义与 VET

再说回"学习即成为"这一概念以及模仿与模仿学习在"学会成为"过程中的作用与贡献(参见图3.1),建构主义理论的规范与VET 教学目标十分相通。模仿学习涉及人际心理学习与内在心理学习(Billett,2014)。因此,内在心理学习(即,个人构建自己所在世界的意义)与建构主义的规范非常契合。同理,社会建构主义学习理论也契合人际心理学习对个人学习经验与轨迹的贡献。例如,认知学徒制强调对模仿有一定的需求。在认知学徒制中，学员观摩自己教师的示范"模型"（即，观察），努力发展自己的技能 / 知识 / 习性（即，效仿），重复包括反馈、巩固等环节在内的学习周期（即，练习）。借助最近发展区理论，教师和学员在学习进展过程中可通过社会建构方面的互动搭建学习支架，比如，通过认知学徒制教学方法与形成实践社群等建立起关系。

（五）当代学习理论

在对学习的认识上，一个关键转变在于，将人类活动视为动态的、不断演变的，但取材自个人亲历的经验。后结构主义与后现代主义理论提出的理念涉及维果茨基的著述与苏联学派对人类生存的认识。这些理念提供了深入了解以实践为焦点的学习的途径（Fenwick et al.，2011）。具体来说，这些理念借鉴了福柯（Foucault）与利奥塔（Lyotard）等现代思想家的研究成果——他们提出采用非线性替代方法来认识这个复杂的世界及其存在的众多挑战、不可预测因素和迅速的转变等（Fenwick et al.，2011）。值得注意的是，恩格斯托姆（Engestrom，2001）与夏兹金（Schatzki，2012）二人的研究成果有助于深入认识人类实践的构造机制。恩格斯托姆的文化—历史活动理论（Cultural-Historical Activity Theory）尤其适用于研究复杂的人与人、人与非人之间的关系和互动。社群、劳动分工、社群规则、主题 / 议题、对象与工具使用等方面的相互交织是揭示组织 / 社群等内部活动的途径（Engestrom，2001）。夏兹金（Schatzki，2012）提议将社会和文化世界纳入实践分析。因此，二人皆侧重一点——社会文化因素和社会物质环境对个人如何通过实践认识这个世界做出了贡献。

（六）实践本位学习教学法

如何支持实践本位学习？为深入认识这个问题，比利特（Billett，2011）总结了二十年的研究成果，提出四种可能模式。这四种模式分别是：通过"教学意义丰富"的学习活动来学习、运用和实现与职业相称的或达到职业期望的技能、知识与特质 / 气质；借助讲故事和其他"讲述"形式来模拟实践；评判学员表现或让思维对学员可见（即，本章上文介绍的认知学徒制方法）；以及以引导式学习帮助学员。下文将简要论述每种模式。

1. 通过参与教学意义丰富或显著的学习活动来学习

若学员及其辅导员 / 教师能够识别"教学意义丰富"的工作活动或职责，则可增强、扩充和推进对实践的模仿学习。比利特（Billett，2011）对"教学意义丰富"一词的定义是：通过稀松平常的工作节奏提供强大学习机会的学习活动。这位学者举了一个例子：医务工作者使用的"交班"会议。在医疗机构换班期间，护士在轮班结束时会向下一班护士提供患者护理总结报告。这些交班会议不仅是为了分发信息——因为通过病历也可获取类似信息，还提供了场合，供人讨论隐性知识（通常不可见于局外人），并让这些知识可见于从业人员和学员（参见Chan，2020），重申团队一心和实践一致性以及收集实践反馈。因而，重点在于识别教学意义"丰富"/ 显著的学习机会，并且将这些机会纳入实践本位专业的学习设计。这里的重要观点是，重要的不仅是参与"教学意义丰富"的学习机会，还有如何帮助学员成为实践社群的一员、识别和反思自己从实践本位的参与中观察到的学问，支持他们领会这些活动的意义以及将这些知识运用于他们身为从业人员的持续发展之中（Billett et al.，2013）。

因不可预见的形势（如，疫情、自然灾害等），向数字赋能型学习的迅速转变可能会制约学员接触教学意义丰富之学习活动的广度。因此，重点在于识别"显著"（即，关键或基础）的待学技能、气质或知识，并且在此基础上设计数字赋能型学习活动。借用上文所述例子，对参加交班的新手来说，基本学习方式是聆听、反思和学习。至于其他职业，显著技能或习性因职业而异。卢卡斯等人（Lucas et al.，2012）提供了一些指引。他们指出职业教育的不同"方面"，包括侧重符号、物料或人员等，而不同职业强调不同的方面。例如，美发师的工作涉及较大成分的人际关系，再加上与材料的良好社会物质互动；烘焙师的工作需要集中地沉浸在面团的社会物质方面，以及敏于重量、体积和配比等的数学计算；而木匠的技能则依赖于他们准确测量和估算物理尺寸的能力。知识构件也可被视为"门槛概念"（Meyer & Land，2005）——定义是难以领会的概念，一旦学会，会让学员获取更加复杂的知识。所以，对于卓有成效的实践本位学习，识别和支持教学意义丰富/显著的学习活动是一个重要环节。

2. 模拟实践

模拟实践首先是通过模仿规范实现的（Billett，2014）。与认知学徒制（Collins et al.，1991）和模仿的效仿/练习环节（Billett，2014）一样，模拟实践的重点是在一定程度上完成任务中的代表性部分。有多种方式可以向学员模拟实践。有些方式并不"直接"，比如，利用讲故事或叙事来帮助新手在文化上适应实践社群。讲故事是几千年来常用于促进学习的人类特质（Jordan，1989；Sterelny，2012）。通过听故事，新手会接触许多文化方面的事物、职业特有语言和行话（McLaughlin & Parkinson，2018）、各种准则（Farrar & Trorey，2008）、"行业诀窍"（Billett，1997）以及常规惯例等。如此一来，学员会了解职业专用的社会和技术传统、做法、标准和规范等。反过来，工作流程的言语表达提供了另一种实践描述方式（Gowlland，2012）。采用启发法是指介绍"行业诀窍"（Billett，1997），类似于利用各种准则（Farrar & Trorey，2008）来学习"捷径"或吸纳"模具"，即通过使用专门开发的工具来支持特定类型的工作流程，让工作更加高效或更加简单（Crawford，2015）。

如第 2 章关于模仿的内容所述，半加工的样例（Makovicky，2010）被用于整个实践本位学习的过程，以辅助和强化学习。以拉维（Lave，2011）提及的学徒裁缝师为例，初学者缝制纽扣和熨烫成衣的职责让学员有机会处理成品、弄懂成衣的构造。马克维奇（Makovicky，2010）研究了使用小段花边来帮助学员练习基本的花边制作技能，然后再进阶至更大件、更复杂的花边工件。

3. 让学习或思维可见

上文详述的认知学徒制规范（Collins et al.，1991）强调，我们需要帮助学员接触许多不可见的、隐性的实践层面（Chan，2020）。一项要务是帮助新手接触达到高度专业水准所需熟谙的许多"无形"但关键的实践方面。在技能学习中，有许多"无形"要素是通过与相关职业的社会物质层面互动而成就的。如第 2 章所述，工作的社会物质成分涉及敏锐的观察和反复接触材料、机械、工具及工作环境等。然后学员再消化工作中的许多微妙方面，让社会物质的许多方面融入隐性知识（Chan，2020）、实践之中（Hyland，2019）。在帮助学员成为前台接待员的项目中（Chan et al.，2013），教师用符号评注学员的练习视频，作为一种反馈形式，让学员注意自己与客人打交道的细微"肢体语言"。因而，"服务导向"规范（Cran，1994）对学员变得可见，为他们提供了明确表述和改进实践的途径。

4. 引导式学习

基于在若干工作场所完成的民族志研究工作，比利特指出许多引导式学习事例（Billett，2002）。引导式学习可以表现为"近端引导"（proximal guidance）（Rogoff，1995），即新手与更有见识的他者并肩工作，在工作过程中接受他们的反馈与指导。另外，还可通过直接指导或"动手指导"来引导学员，即"教师"手把手教学员，指导其姿势或工具 / 机械的使用，从而指导其动作（Singleton，1989）。此外，还有通过观察机会进行"间接"或远端引导（Billett，2001），即在投入生产工作时，眼观、耳听和身感（参见第 2 章关于通过观察来学习的内容）。

四、实践本位学习与 TEL

本节将综合第三节介绍的各种理论、方法和学习设计原则，为通过远程学习进行的实践本位学习提供有价值的信息。具体将详述"推送—连通学习—提取"框架（参见图3.2），提供一条设想如何设计实践本位远程学习的务实途径。

总的来说，数字技术可应用于向学员**推送**（push）信息、资源等，从学员处**提取**（pull）学习参与证据，以及搭建平台，供讨论、辩论、询问和整合"推送"的信息与"提取"的学习证据（即，通过帮助学员**"连通学习"**[connect the learning]辅助建构主义学习过程）。利用异步或面对面会话来帮助学员领会来自教师的输入（即，推送的资源）和自己的学习表现（即，提取的证据）这一过程被比喻成"连点成线"。"推送—连通学习—提取"框架可以帮助教师设计自己的TEL课程或学习会议。

下面将介绍如何将"推送—连通学习—提取"框架应用于实践本位学习，并且给出一个以视频辅助数字赋能型实践本位学习的例子。

图3.2　实践本位技术增强型学习的"推送—连通学习—提取"框架

（一）以视频辅助实践本位学习

这个例子总结自一项关于改善酒店接待员学习办理入住/退房流程的研究。为支持学习，课题组用平板电脑记录学习课程的视频，并且引入同侪反馈（Chan et al.，2013）。在此引用这个例子，是为了辅助说明如何将"推送—连通学习—提取"框架应用于整套学习活动的设计与规划。

该研究引入了TEL干预来支持实践本位学习，因为给学生（学习酒店管理和旅游学相关课题的学员）分配很少的面对面课时学习前台接待的关键技能、知识与特质。学习如何为酒店顾客办理入住/退房手续离不开各种技术性和社交／关系技能、知识与特质／习性等有待学习提升之处。在操作前台预订软件平台的同时，接待员需要维持与顾客的热诚沟通并遵循"服务导向"，其中涉及技术性技能（Cran，1994）。

该研究多次迭代，通过一系列探究循环来巩固 TEL 环节。"最终"的版本涉及教师面对面为学生模拟入住／退房流程。学习管理系统（LMS）也上线了教师模拟入住／退房流程的视频，以便学生参考。然后，学生三人一组分组练习这一流程。学生依次扮演顾客、前台接待员或观察员角色，其中观察员负责录制角色扮演视频。教师会为学生简短介绍提供、接受、反思和践行反馈的规范。学生学习如何通过哈蒂和廷珀利（Hattie & Timperley，2007）倡导的过程提供反馈，即检查学习活动"在要点上"（即，上馈），就前台学生的表现识别和提供反馈（即，反馈）以及制定下一个角色扮演周期的改进计划（前馈）。前馈成为下一次实践课的重点（即，上馈），而学生在面对面课时之外要完成这些角色扮演周期。学生提交自己的角色扮演成果，等待教师提供反馈，而教师使用 Coach's Eye 应用程序，以高亮显示和画外音等方式评注学生的视频，提供反馈。当学生认为自己胜任时，即提交自己的练习视频供总结性评估。在这个例子中，学生获得的主要"推送"资源是教师的模拟实践视频。而"提取"的学生视频则为"连通学习"环节提供了基础。表 3.1 总结了有关学习理论及其对应的实践本位教学法以及如何执行"推送—连通学习—提取"框架。

表 3.1 "推送—连通学习—提取"框架应用于实践本位学习的范例

学习理论	实践本位教学法	推送	连通学习	提取
社会建构主义（认知学徒制、实践社群）	边做边学——教学意义丰富／显著的活动设定场景	教师面对面演示和视频模拟实践	教师评注学生的角色扮演视频	学生录制实践视频
社会建构主义（实践社群）	边做边学——教学意义丰富／显著的活动引入反馈	关于上馈、反馈和前馈具体流程的面对面角色扮演	师生讨论提供和接受反馈所涉及的挑战与解决方案	学生在电子表格上记录自己的上馈、反馈与前馈信息

续表

学习理论	实践本位教学法	推送	连通学习	提取
社会建构主义	引导式学习		教师评注学生的角色扮演视频	学生视频
认知主义 社会建构主义 （认知学徒制）	让思维可见——半加工的样例		解构反馈	学生视频
联通主义 社会建构主义 （实践社群）	模拟——讲故事——设定场景	教师面对面演示	将初步尝试与教师的样板进行比较	学生实践视频

五、结语

理查德森（Richardson，2003）和乔纳森（Jonassen，2009）警示人们仅采用单一学习理论带来的风险。同时，威尔森（Wilson，2013）建议不要依赖单一教学设计方法。不过，他们都呼吁了解学习发生机制的重要意义，并且主张运用相关研究成果来影响和支撑教学实践与学习设计。理查德森（Richardson，2003）认可且认为需要关注斯法尔德（Sfard，1998）的研究成果，后者警告说切勿过多强调两个主要的学习隐喻（即，习得/建构主义/认知主义 vs 参与/社会建构主义）中的任意一个。每种理论/方法均有各自的贡献，有助于学习设计，而学习设计应支持相应的学习情境、目的和成果，而且在实际上/逻辑上是可以借助可用资源实现的。为选取学习理论、学习方法与学习结构之间的最佳匹配，需要教师或学习设计人员对学员的学习目标、情况和/或需要有足够的意识与共情。帮助学员/新手做好准备，使其成为他们渴望加入的实践社群的一员并为之做出贡献，在这个方面，实践本位学习有着具体目标。因此，本章介绍了支持实践本位学习的有关学习理论、教学方法与学习设计理论。针对过多强调预设 VET 课程体系的做法，下面第 4 章将介绍和论述有关注意事项，同时介绍一个观念——帮助 VET

学员做足准备，即使面临某些工种未来的严峻预测也有能力风生水起，确保 VET 职业的长远与可持续性。

参考文献

Billett, S. (1997). Dispositions, vocational knowledge and development: Sources and consequences. *New Zealand Journal of Vocational Education Research, 5*(1), 1–26.

Billett, S. (2001). *Learning in the workplace: Strategies for effective practice.* Allen & Unwin.

Billett, S. (2002). Workplace pedagogic practices: Co-participation and learning. *British Journal of Education Studies, 50*(4), 457–481.

Billett, S. (2006). Constituting the workplace curriculum. *Journal of Curriculum Studies, 36*(1), 31–48.

Billett, S. (2011). *Curriculum and pedagogic bases for effectively integrating practice-based experiences.* https://vocationsandlearning.blog/resources/.

Billett, S. (2014). *Mimetic learning at work.* Springer.

Billett, S., Sweet, L., & Glover, P. (2013). The curriculum and pedagogic properties of practice-based experiences: The case of midwifery students. *Vocations and Learning, 6*(2), 237–258.

Bowyer, J., & Chambers, L. (2017). Evaluating blended learning: Bringing the elements together. *Research Matters: A Cambridge Assessment Publication, 23,* 17–26.

Chan, S. (2020). Learning the tacit dimensions of craft and industrial trades work through apprenticeship. In R. Hermkes, T. Bonoswski, & G. H. Neuweg (Eds.), *Tacit knowledge.* Bertelsmann.

Chan, S., Fisher, K., & Sauer, P. (2012). *Situated technology-enhanced learning through development of interactive etextbooks on net tablets. Ako Aotearoa Southern Regional Hub Project Fund.* Ako Aotearoa. https://ako.

ac.nz/knowledge-centre/situated-technology/enhancedlearning-through-development-of-interactive-etextbooks/.

Chan, S., & Leijten, F. (2012). Using feedback strategies to improve peer-learning in welding. *International Journal of Training Research, 10*(1), 23–29.

Chan, S., McEwan, H., & Taylor, D. (2013). *Extending hospitality students' experiences of real-world practice.* https://ako.ac.nz/knowledge-centre/guidelines-for-improving-students-reflective-practice-and-digital-evaluation-skills/guidelines-for-improving-students-reflective-practice-and-digital-evaluation-skills-derived-from-a-study-with-hospitality-students/.

Collins, A., Brown, J., & Holum, A. (1991). Cognitive apprenticeship: Making thinking visible. *American Educator, 15*(3), 38–47.

Cran, D. J. (1994). Towards validation of the service orientation construct. *The Services Industries Journal, 14*(1), 34–44.

Crawford, M. B. (2015). *The world beyond your head: On becoming an individual in an age of distraction.* Farrar, Straus and Giroux.

Dewey, J. (1916). *Democracy and education.* The Free Press.

Downes, S. (2008). Places to go: Connectivism & connective knowledge. *Innovate: Journal of Online Education, 5*(1), 1–6.

Engestrom, Y. (2001). Expansive learning at work: Toward an activity theoretical reconceptualisation. *Journal of Education and Work, 14*(1), 133–156.

Farrar, N., & Trorey, G. (2008). Maxims, tacit knowledge and learning: Developing expertise in dry stone walling. *Journal of Vocational Education and Training, 60*(1), 35–48.

Fenwick, T., Edwards, R., & Sawchuk, P. (2011). *Emerging approaches to educational research.* Routledge.

Gagné, R. M., Wager, W. W., Golas, K. C., & Kelle, J. M. (2005). *Principle of instructional design* (5th ed.). Thomson Learning Inc.

Gowlland, G. (2012). Learning craft skills in China: Apprenticeship and social capital in an artisan community of practice. *Anthropology and Education Quarterly, 43*(4), 368–371.

Hattie, J., & Timperley, H. (2007). The power of feedback. *Review of Educational Research, 77*(1), 81–112.

Hodge, S. (2014). *Interpreting competencies in Australian vocational education and training: Practices and issues.* National Centre for Vocational Education Research.

Hyland, T. (2019). Embodied learning in vocational education and training. *Journal of Vocational Education and Training, 71*(3), 449–463.

Jonassen, D. (2009). Reconciling a human cognitive architecture. In S. Tobias & T. M. Duffy (Eds.), *Constructivist instruction: Success or failure?* Taylor & Francis.

Jordan, B. (1989). Cosmopolitan obstetrics: Some insights from the training if traditional mid-wifes. *Social Science and Medicine, 28*(9), 925–944.

Kolb, D. A. (2015). *Experiential learning: Experience as the source of learning and development.* Pearson Education.

Lam, P. L., Ng, H. K., Tse, A. H., et al. (2020). eLearning technology and the advancement of practical constructivist pedagogies: Illustrations from classroom observations. *Educational Information Technology, 26*(1), 89–101.

Lave, J. (2011). *Apprenticeship in critical ethnographical practice.* Cambridge University Press.

Lave, J., & Wenger, E. (1991). *Situated learning: Legitimate peripheral participation.* Cambridge University Press.

Lucas, B., Spencer, E., & Claxton, G. (2012). *How to teach vocational education: A theory of vocational pedagogy.* City and Guilds Centre for Skill Development. http://www.skillsdevelopment.org/pdf/How-to-teachvocational-education.pdf.

Makovicky, N. (2010). 'Something to talk about': Notation and knowledge-making among Central Slovak lace-makers. In T. H. J. Marchand (Ed.), *Making knowledge: Explorations of the indissoluble relation between mind, body and environment*. Wiley-Blackwell.

Mayer, R. (2017). How can brain research inform academic learning and instruction. *Educational Psychology Review, 29,* 835–846.

McLaughlin, E., & Parkinson, J. (2018). 'We learn as we go': How acquisition of a technical vocabulary is supported during vocational learning. *English for Specific Purposes, 50*(April), 14–27.

Meyer, J., & Land, R. (2005). Threshold concepts and troublesome knowledge (2): Epistemological considerations and a conceptual framework for teaching and learning. *Higher Education, 49,* 373–388.

Morgan, H. (2013). Maximizing student success with differentiated learning. *The Clearing House: A Journal of Educational Strategies, Issues and Ideas, 87,* 34–38.

Nugent, A., Lodge, J. M., Carroll, A., Bagraith, R., MacMahon, S., Matthews, K. E., & Sah, P. (2019). *Higher education learning framework: An evidence informed model for university learning*. The University of Queensland.

Packer, M. J., & Coicoechea, J. (2000). Sociocultural and constructivist theories of learning: Ontology, not just epistemology. *Educational Psychologist, 35*(4), 227–241.

Prince, M. (2004). Does active learning work? A review of the research. *Journal of Engineering Education, 93,* 223–231.

Richardson, V. (2003). Constructivist pedagogy. *Teachers College Record, 105,* 1623–1640.

Rogoff, B. (1995). Observing sociocultural activity on three planes: Participatory appropriation, guided participation and apprenticeship. In J.

V. Wertsch, P. Del Rio, & A. Alverez (Eds.), *Sociocultural studies of mind* (pp. 139–164). Cambridge University Press.

Schatzki, T. R. (2012). A primer on practices. In J. Higgs, R. Barnett, S. Billett, M. Hutchings, & F. Trede (Eds.), *Practice-based education: Perspectives and strategies* (pp. 13–26). Sense Publishers.

Schmidt, H. G., & Mamede, S. (2020). How cognitive psychology changed the face of medical education research. *Advances in Health Science Educucation, 25,* 1025–1043.

Scribner, S. (1984). Studying working intelligence. In B. Rogoff & J. Lave (Eds.), *Everyday cognition: Its development in social context.* Harvard University Press.

Sfard, A. (1998). On two metaphors for learning and the dangers of choosing just one. *Educational Researcher, 27*(2), 4–13.

Siemens, G. (2005). Connectivism: A learning theory of the digital age. *International Journal of Instructional Technology and Distance Learning, 2*(1).

Singleton, J. (1989). Japanese folkcraft pottery apprenticeship: Cultural patterns of an educational institution. In M. W. Coy (Ed.), *Apprenticeship: From theory to method and back again* (pp. 13–30). State University of New York Press.

Snook, I. (2012). Educational neuroscience: A plea for radical scepticism. *Educational Philosophy and Theory, 44*(5), 445–449.

Sterelny, K. (2012). *The evolved apprentice: How evolution made humans unique.* MIT Press.

Tobias, S., & Duffy, T. M. (2009). *Constructivist instruction: Success or failure?* Taylor & Francis.

Tomlinson, C. A. (2003). *Fulfilling the promise of the differentiated classroom: Strategies and tools for responsive teaching.* Association for Supervision and Curriculum Development.

Varma, S., McCandliss, B., & Schwartz, D. L. (2008). Scientific and pragmatic challenges for bridging education and neuroscience. *Educational Researcher, 37*(3), 140–152.

Vygotsky, L. (1998). *Mind in society: The development of higher psychological processes*. Harvard University Press.

Wilson, B. G. (2013). A practice-centered approach to instructional design. In J. M. Spector, B. B. Lockee, S. E. Smaldino, & M. Herring (Eds.), *Learning, problem solving, and mind tools: Essays in honor of David H. Jonassen* (pp. 35–54). Routledge.

Wulf, C. (2019). "From teaching to learning": Characteristics and challenges of a student-centred learning culture. In H. A. Mieg (Ed.), *Inquiry-based learning—Undergraduate research: The German multidisciplinary experience*. Springer International Publishing.

第4章 工作的未来及其对"学习即成为"、TEL 和 VET 教学法的影响

摘　要　对于职业认同（在借助 TEL 支持"学习即成为"的可供性这一情况下）与 VET 背景下"工作的未来"带来的挑战，本章将解构和重构二者之间的关联。全章论述均在调和一个普遍认可的观点——VET 导致职业专业化。但其实，许多 VET 学习成果帮助毕业生准备好从事各种不同的职业，尤其是帮助学生达到不同职业分类中普遍存在的工作习性/态度要求。本章首先将论述 VET 相关工作的未来，然后论及 VET 面临的挑战与如何通过资格、课程体系和学习设计等缓解这些挑战。接下来，本章将论证，作为如今人人皆需要的 TEL，它对关键数字素养学习的辅助作用是进行数字赋能型学习的一大优势。本章还将介绍数字公平、数字/学术/多元素养等前提条件，因为这些条件是成功参与和使用数字技术的必备要求。最后，本章将论述学习设计的相关规范，确保 TEL 的设计、开发、实施及评价与 VET 的未来相关相称。

关键词　工业 4.0；教育 4.0；工作的未来；胜任力；能力；数字素养；数字流利度；数字公平；TEL；远程学习

一、引言

对于支撑实践本位教学法的研究来说，重要的是需要将 VET 学习

成果视为对个人"成为感"的整体性贡献。因而，VET 成果不应仅在于针对具体职业类型的教育准备与职业发展，还在于提供许多"可迁移"或"横向"的技能、知识与特质，以便促进学员职业认同的未来成长与转变（若有必要）（Kuper，2020；Zobrist & Brandes，2017）。本章论述旨在帮助推翻"VET 导致职业专业化"这一主流观点。本章认为，许多 VET 学习成果帮助毕业生准备好从事各种不同的职业，尤其是帮助学生达到不同职业分类中普遍存在的工作习性 / 态度要求。在许多行业 / 工艺 / 职业或服务性职业中，要求熟练从业人员具备的自觉、可靠、精确和自我组织 / 管理等 VET 习性，也能较好地匹配各种相关职业或专业。工匠精神价值观不仅存在于技能型工艺 / 职业 / 服务性工作，还是人类活动的一大特征（Sennett，2008）。其实，一个领域的优质工作需具备的工作方法、认知框架和习性可以通过技术性培训而改良应用到另一学科或实践领域。

二、工作的未来

工作的未来是指，工作随着社会和经济向工业 4.0 转型而发生的许多变化，包括工作对信息技术、全球化趋势以及经济挑战等具有的更大依赖度以及它们之间的相互关系。工业 4.0 是指，将数字技术应用到生产制造流程及其伴随的供应链之中（Kuper，2020）。而教育 4.0 又是指，需要确保各级教育转变教学方法论或方法，帮助毕业生做好应对未来工作的准备（Kuper，2020；Zobrist & Brandes，2017）。因此，同理推之，可以设想 VET 4.0 为评估当前资格、课程体系与教学方法提供动力，确保 VET 毕业生具备参与和引领工业 4.0 的条件。VET 部门的各种职业对于社会、经济和政治变数并不免疫。故而，教育 4.0 与 VET 4.0 二者都必须帮助学员做足准备，使之能够适应和应对快速且持续的变革。

过去十年来，随着经济政治形势快速变化，能够取代人力劳动的可行信息技术不断涌现，工作的未来也成为广泛热议的话题（Zobrist & Brandes，2017）。对于许多工种的预测是悲观的，预计未来多达 40%

的工作会消失（Frey & Osborne，2017）。在这些受威胁的工种中，有许多被认为是稳定的、专业的白领知识型工作者角色。会计师、法务专员、保险公估人和政策研究人员等职业正在被越来越强的计算机能力支持的"智能代理"和更加有效的"人工智能"（AI）取代。考虑到紧跟技术变革所需的培训和持续的职业发展成本，不少需要以长期实践本位学习来获取专业知识的职业（包括学徒制在内）已经被选定为自动化和数字化的对象。然而，一些 VET 职业的问题在于，它们是"稳健"的或者比当前受青睐的"白领"/"智库"型职位更加稳定。弗雷和奥斯本（Frey & Osborne，2017）认为，一些手工艺职业中的高技能岗位工作变化水平较高，需要灵活敏捷的肢体动作，因而或许受影响较小。因此，并非所有岗位或工种都均等地受到影响。预测结论是，不少当前职业会在不远的将来继续存在，但工作职责会向数字辅助的形式迅速转变，不论是在体力上（即，直接使用机器人或利用仿生技术扩充人类体能）还是认知上（即，使用 AI 来引导和评价数据）（Frey & Osborne，2017；Kuper，2020）。

三、在瞬息万变的世界中获得职业认同所面临的挑战

本节将继续论证 VET 的贡献——既帮助学员实现职业身份认同，又帮助他们准备好应对当前和未来职场变化带来的紧张形势。在此，以新西兰学历资格背景为例，说明资格成果从狭义的能力本位方法向广义的毕业生档案成果的转变。采用毕业生档案/特质作为方法来认证资格，为就业前和就业期间的 VET 准备提供了一个良好渠道，可确保专业胜任力以外的能力被纳入其中。此方法论认同了库珀（Kuper，2020）提出的方法——确保课程体系与当前及未来产业技能和知识需求接轨，满足工业 4.0 的要求。

比利特（Billett，2011）设想教育由一系列"嵌套式"课程体系结构组成。国家资格体系与框架包罗万象，涵盖了通过正规和非正规学习途径完成的学习认证。可将这些资格架构视为**预期课程体系**（intended curriculum）。具体教学方法如何解读和代表这些资格，则被称为**落实的课程体系**（enacted curriculum）。然后，修读有关专业和参加学徒制的学员进行的学习被称为**体验到的课程体系**（experienced curriculum）。因此，预期课程体系对学员最终体验到的学习具有深远影响。改变资格界定方式会影响落实的和体验到的课程体系（Chan，2016）。

新西兰在 2008 年至 2016 年期间开展了国家资格框架（NZQF，共 10 级）中第 1~6 级全部资格的法定审查（Chan，2016）。这项审查的一大特色在于变更了能力标准清单中的资格成果声明（即，单元标准），为达致毕业生成果、教育成果和职业成果界定了相应资格的技能与知识要素（Chan，2016）。此举让预期课程体系的重心从原子化的"单元标准"转向更加整体的毕业生成果描述项。这一预期课程体系的变更为落实的和体验到的课程体系提供了完善机会，使之更好地反映 VET 学习目标——在"学会如何成为"的流程环节帮助学员，一改以前强调修完一组资格技能与知识的做法，审查后的重心转向帮助学员达到与毕业生档案成果相称的相关技能、知识和特质水平。

毕业生档案声明描述了通过修完一项资格所达到的技能、知识与特质 / 习性水平（Spronken Smith et al.，2013）。霍姆斯（Holmes，2013）提出了毕业生档案成果这一现实型或关系型概念。若认为毕业生档案成果是现实型，则假定了"毕业生具有构成其身份认同与就业能力的离散、实有、客观上真实且（原则上）可辨认的特征"（Holmes，2013，p.1045）。而关系型概念视角则认为，"有意义、重大的人类行为是无法纯粹且客观地观察到的"（Holmes，2013，p.1049）。若将 VET 作为"学习即成为"环节当作本书的统领，则意味着要与关系型视角站在同一阵线。通过情境学习和学以致用，会产生被公认为代表职业实践的技能、知识与特质。于是，对于为职场的组织性成果做出贡献的熟练成员，毕业生档案成果大致勾勒出他们所需的技能、知识与特质 / 习性类型。

四、如何应对工作的未来构成的挑战

本节介绍和论述 VET 将如何应对工作的未来构成的重大挑战。应该注意将数字技术融入当前 VET 职业形式与 VET 教育系统所带来的贡献。此举会引入数字素养的方方面面并使之情境化，有助于让 VET 学员参与其中。因此，通过完成具有 TEL 要素的学习活动，VET 学员不仅能够学习具体职业或专业的专业化技术方面，还可获得所有工作者必须具备的重要数字素养（Kuper，2020）。

（一）工业 4.0

库珀（Kuper，2020）将工业 4.0 定性为加速数字化进步与技术创新，改变人类和计算机控制接口的相互关联方式。这些变化会带来流程控制和监测的转变，从而影响人力与机器输入的配置。工业 4.0 或第四次工业革命与始于三个世纪前的前三次工业化浪潮一脉相承（Seet et al.，2018）。第一次工业革命带来多个手工业（如，纺织业等）的蒸汽动力机械化，改变了工作性质。第二次工业革命则从蒸汽转向电力，促进了大规模生产的增长。工作上的变化有，走向工厂制劳动分工，重复性、原子化工作成为常态。数字技术的兴起预告了第三次工业革命的到来，催生了自动化，降低了生产成本，也促进信息及通信技术（ICT）的普及。进而，第四次工业革命带来的是社会、经济和技术等领域的迅速、深远的变革。于是，各行各业需要支持所有工作者适应新的工作形式，这些新工作中大多数的技能、知识与特质发展是由学习使用和接触数字技术这一需要驱使的（Nygren et al.，2020）。

（二）教育 4.0

作为数字化转型的产物，教育 4.0 的任务是培养未来劳动力队伍，持续推进社会与经济发展目标。数字化对资格和课程体系的构建方式具有深刻影响。因而，构造学习的方式也需要重建。受到迈向工业 4.0 的工作转变的影响，学习内容发生变化，库珀（Kuper，2020）将这些变化联系起来，认为同时也需要改变教学方式。重要的是，要确保学员有机会加强对自身学习的控制（即，设计和部署弹性的个性化学习环境）。同时学习的环境和条件还需要向建构主义方法转变，因为这些转变可以帮助学员从一种工作形式过渡至另一种。此举可以帮助学员达到一定的技能、知识与习性水平，变得能够自我管理，能够更好地引导自己的学习日程。

（三）VET 4.0

有两股重要潮流引导着 VET 4.0 的实施。一是全体学员皆需要精通学习和工作的数字化要求。二是达到足够的"非专门"或通用技能、知识与习性水平，继续进行终身学习和职业发展。这两股潮流可用一个术语来概括，即库珀（Kuper，2020）提出的"数字签名教学法"（digital signature pedagogy）。本节将探讨这两股潮流与实践本位学习方法的关系。

目前，几乎所有工种，甚至日常生活都离不开学习和运用具体的数字素养。向工业 4.0 转型建立在数字、信息与通信技术的基础之上。随着各行各业纷纷向更高数字化水平迅速转型，所有人日益需要的不仅仅是数字素养，还有数字流利度（即，能够独立操作各种数字化工具、平台与应用程序）（Miller & Bartlett，2012）。

此外，如前文章节所述，随着各种职业的任务发生转变，有助于工作者转向相关工作形式的技能、知识与特质 / 习性如今已成为一大迫切需求。据预计，工作者在未来职业生涯中也许不得不多次改变工种（Frey & Osborne，2017）。随着数字技术的到来，许多工种的岗位任务已然发生变化。重要的是，VET 课程体系需要吸纳那些让工作者能够持续学习新技能或适应做事、思考和感知等方式变化的技能、知识与特质 / 习性（Aakernes，2020；Kuper，2020）。

五、TEL 与工作的未来

因此，TEL 的用处不仅在于支持实践本位学习活动，还在于学员通过与 TEL 各种要素的互动可以学习关键的数字素养技能与特质。许多 TEL 工具离不开数字素养，不仅使用技术性 / 机械性的工具会涉及它的学习，而且要对接触到的资源 / 材料进行了解、评价和综合也离不开学术 / 信息素养与其他多元素养。如上文章节所述，这些数字素养 / 流利度的例子反映了工作胜任力以外的某些必备特质。VET 4.0 必须确保这些现成可迁移数字素养 / 流利度的习得与运用的能见度，因为这些数字素养 / 流利度是借助数字赋能型学习修完 VET 课程的成果。

六、参与 TEL 实践本位学习的前提条件

本节将介绍和论述影响师生的数字素养 / 流利度与数字公平问题。具体将审视当面对面学习无法实现时，实践本位学习情境给学习带来的挑战。

首先，需要确保教学团队和学员在数字素养 / 流利度方面准备就绪，确保满足各种硬件 / 软件 / 可用基础设施的需求，确保为教师和学员均确立起利用面对面教学替代方案的学习"素养"，以及确保学习设计明确且能够应对实践本位"边做边学"方法面临的挑战。同样重要的还有，承认并无任何技术或"杀手锏应用程序"能够解决或扩充不适宜 TEL 集成的程序。反而，重点应在于确保学习目标与数字化支持的良好匹配（Reich，2020）。在开始进行数字辅助型学习之前，必须首先解决 TEL 的相关基础——我们将其定义为"数字公平"。

（一）参与数字赋能型学习需要的素养

为赋能数字和非数字辅助型的 TEL 与远程学习，需要多种素养，具体包括：能够使用数字硬件和软件流利工作所需的素养；理解和评价

仍然以文本为主导的数字化信息所需的学术素养；接触多模态数字资源（如，图片／示意图／计划、视频、播客、增强现实或虚拟现实资源等）所需的多元素养；以及在面对面学习活动不再可行的情况下，教师与学员有效地教学与学习所需的专门技能与习性。下文将简要论述这些素养。

支撑当代教育与工作的泛在技术需要所有学员和工作者具备相应的数字素养胜任力（Zobrist & Brandes，2017）。数字素养指运用认知、技术技能和知识，利用信息通信技术发现、评价、创建与沟通信息的能力（Lea & Jones，2011）。数字流利度指利用、评价、批判和发起适当数字化的工具与平台，以达成规定目标的能力（Miller & Bartlett，2012）。因而，对于人们为精通学习和生活所用的各种专门技术而需要达到的数字流利水平，数字素养是其先导素养。

有许多方法可以了解学术素养的作用与贡献（Lea & Street，2006）。当代方法认为，学术素养融入了具体类型与话语，因学科不同而异（Lea & Street，2006）。虽然 VET 大多离不开高水平学术素养（关于木匠的例子，参见 Parkinson et al.，2017），但鲜有文献涉及了解 VET 实践不可或缺的专门学术素养。数字素养与流利度还涉及相关学术素养的胜任力。一旦具备充分的文本阅读与理解水平，学员即能借助数字手段来解读、评价和沟通。所以，学术素养在本质上与数字素养和数字流利度有关。

除了文本素养，还需注意了解实践本位学习中普遍存在的各种多元素养。阿切尔（Archer，2006）提出一种了解学术素养的多模态方法。目前，学术素养社群内部过度强调教学中的"文本"撰写与评价。他们需要更新这一观念才能适应如今需要的日益多元化的沟通方式（Archer，2006）。多模态方法响应了新伦敦小组（New London Group，1996）在 20 世纪 90 年代提出的号召——考虑到如今采用的多种沟通交流方式，确保各教育部门采用多元素养方法。所以，多模态（Archer，2006）与多元素养（New London Group，1996）方法倡导，在基于文本的学术素养以外，扩展其他素养，将重点放在视觉素养、听觉素养与触觉素养上。达到这些素养水平，学员即可接触、享用和参与借助数字技术提供的多媒体资源。当大多数学习采用多模态方法，而且记录实践过程的手段也是多媒体时，评价和批判性分析多媒体信息来源对实践本位学习就有重大意义。

除了上述情境化的数字流利度与基于多模态/多元素养的学术素养，还需要培养学员的自我管理特质/习性，因为后者是所有数字辅助型学习形式取得成功的必备条件之一。学员要想成为成功的数字学习者，"学会学习"的技能与习性至关重要（Simpson，2018）。再一次，关于支持学员的文献大多侧重义务教育与高等教育部门，其中基于文本的学习素养占据主导地位。因此，在利用多模态/多元素养资源辅助实践本位学习方面，存在文献缺口。

（二）数字公平的相关方面

"数字公平"一词具有多个定义（Collin & Brotcorne，2019）。含义与之类似的词语包括数字包容和数字就绪，二者通常与数字素养/赋能的因素有关。

教育数字公平指，确保学生有接触技术的渠道，由此他们能够有效参与和利用 TEL 提供的优势（Collin & Brotcorne，2019）。教育领域的数字公平涉及三大要件。为确保学员受益于 TEL 的整合，每个要件均必须到位，或者其发展受到学习设计的支持。数字技术渠道的三大要件分别为：

- 硬件：硬件条件各异，而且取决于为提供数字赋能型学习而采取的方法类型。移动学习是 VET 学习的一个选项，但重点在于确保学习方法不单依赖硬件，还依赖学习设计，如此方可实现通信与学习可供性的最大化。
- 专门软件：按具体学科的要求，对于数字赋能型学习，在界定硬件要求时必须考虑到软件规格。并非所有的学习管理系统（LMS）配置都支持手机访问。用户体验必须被放在第一位，硬件需匹配 LMS 或专门学科特有平台，故对于这方面的数字公平而言，预先计划具有重要意义。相关硬件支持为数字赋能型学习部署的软件平台，学员必须有机会充分访问它们。

- 移动数据或 Wi-Fi 数据流量套餐：这些套餐对于数字资源的访问使用（即，向学员推送信息）非常重要，让学员能够有充足的数据和带宽分享学习证据（即，提取学员的真实性体验），以及方便学员、教师、同侪和其他支持者之间的及时交流（即，确保赋能学习活动的连通）。

七、学习设计

本节将探讨学习设计对于 TEL 规划、开发和实施以及对于数字赋能型实践本位学习的重要意义。韦斯特等人（West et al.，2020）强调，要确保引入理论学术成果来支持学习设计和教育技术。教学 / 学习设计方法繁多，数字化之前（即，20 世纪 90 年代以前）的流程受益于行为主义学习理论（Reiser，2001）。而当前的多元化学习设计方式有时令人困惑，故需要做出相关努力证实学习设计的效能与思想基础（West et al.，2020）。

（一）学习设计流程与原则

教学设计是一个较新的学科，但目前是公认的有效学习的手段之一（Nichols，2020）。教学设计是设计、开发和实施卓有成效、引人入胜的学习体验的过程（Branch，2009）。如今也用教育设计、课程体系设计或学习设计等词来描述这一过程。与本书聚焦的 VET 目标（帮助学员"学习如何成为"从业人员）一致，本书选用"学习设计"一词来表述这一过程。第 2 章介绍了若干适用于学习设计的"学习理论"与原则或方法。具体包括：

- 加涅的"九大教学事件"理论；
- 情境化认知；
- 社会文化学习理论；

● 认知学徒制。

在与支持实践本位学习有关的学习设计领域，下文将陈述和讨论其他方法和原则。

1. 建设性接轨与学习成果

学习设计的一大统摄性原则是建设性接轨（Biggs，1996）。建设性接轨有助于明智的学习和评估活动设计，确保学习和评估活动符合（即，接轨）既定学习目标。而学习目标又必须匹配毕业生档案成果。学习目标或学习成果是一种量化报告，描述学员修完一门课程后能够做什么（即，执行某项技能）、知晓什么（即，能够学以致用）和看重什么（即，助力实践的习性或态度）。如本章前文所述，新西兰资格框架（NZQF，2018）登记的资格需要学员能够提供证据，证明自己达到新西兰证书和文凭定义的毕业生成果。因此，重点在于确保专业内的课程学习成果与相应资格的毕业生档案成果是一致的。而学员通过学习活动参与学习和通过评估活动证明学习的方式又需要与学习成果挂钩。学习成果、学习活动和评估活动这些方面与毕业生档案的建设性接轨，可保证"学习即成为"在毕业生专业进阶或实现职业认同过程中的可见性。

2. 通用学习设计

通用学习设计（Universal Design for Learning，UDL）指利用成熟的研究成果确保学习设计满足全体学员的需要（Rose，2000）。特殊技术应用中心（CAST，2020）提供了一套基于 UDL 的学习设计指引。UDL 的目标是为学员提供多种学习参与方式，识别信息或资源的呈现方式，以及为学员提供多种方式证明其学习（CAST，2020）。通过进行通用学习设计，数字媒体得以实现最优化，确保全体学员能够访问、接触和参与学习活动。视频必须带有字幕或提供文字实录。

3. ADDIE

贯穿学习设计始终的 ADDIE 框架得到了广泛应用（Branch，

2009），而且启发了许多分支和变式。ADDIE 是五大设计阶段的英文首字母缩略词，即分析（analysis）、设计（design）、开发（development）、实施（implementation）与评价（evaluation）。与许多其他设计思维过程类似，ADDIE 过程的每次设计迭代均基于上一代版本的实施与评价。在设计和分析阶段，ADDIE 框架会评价整个专业 / 课程体系设计背后依托的学习理论（即，行为主义、认知主义与建构主义），使之契合整个专业的教学意图。

与任何其他模式一样，ADDIE 框架自有其优缺点。其中一个优点是易于理解和落实。然而，该模式并不适宜所有情境，在使用时务必注意，切勿 "一刀切地" 将其强加于所有学习设计情况。ADDIE 框架受到的一个主要批评是，它采用 "输入—处理—输出" 方法，故更适宜行为主义 "程式化学习" 的线性学习设计过程（Branch，2009）。然而，如本节开头所述，学习设计背后的学习理论具有关键作用，能够确保专业满足学员需要和资格要求。

教学设计人员遵循的其他原则包括：

- 布鲁姆分类学（Bloom's taxonomy）：这是一种按认知复杂度划分学习成果的学习分类体系。该分类法是 20 世纪 50 年代提出的，几经修正，涵盖了情感 / 习性与感官领域（Wilson，2019）。
- 梅里尔（Merrill，2002）教学原则：建议教学设计围绕问题解决展开，并且包含以任务为中心的学习活动（即，以探究或问题为中心），通过激励来激活，从而确保任务借鉴了以往学问（即，建构主义），向学员演示，鼓励学员运用新知识并融入其已有的学习模式。
- 逆向设计（backward design）：威金斯和麦克泰（Wiggins & McTighe，2005）创造的词，用来描述为实现学习目标而计划和安排学习体验或教学方法的过程。从识别 "最终目标" 开始规划学习序列，然后逆向设计各种课程、项目、陈述报告、学习活动及评估等。

过去十年发展起来的较新学习设计过程通常借鉴 "设计思维" 的原

则（Razzouk & Shute，2013）——各种创意信息技术行业用以开发新想法或新产品。设计思维中采取的迭代步骤依次是理解（即，理解设计要求）、界定（即，界定问题）、制作原型（即，生产缩减版或试运行）和测试（即，评价设计过程，如有必要再走一遍整个设计思维循环）。

4. 以实践为中心的学习设计

威尔森（Wilson，2013）提出，教学设计需要转型，更好地对接当前对学员学习方式的认识。其中，他强调要采用以社会科学理论为支撑的"以实践为中心"的教学设计。具体包括芬威克（Fenwick et al.，2011）提出的理论，目的是深入认识与人类活动相关的社会文化和社会物质影响。在以实践为中心的学习设计中，重要的是以下二者的联结：以落实的活动（即，情境化、具身且有意的）辅助学习的计划型策略（即，学习理论、模式与方法），以及师生亲历的经验（即，动态、主观且事务型的）。

5. TPACK

TPACK 是教学设计采用的另一种有影响力的框架（Mishra et al.，2011）。这是侧重且专用于 TEL 学习设计的若干框架之一（Saubern et al.，2020）。与 ADDIE 框架一样，TPACK 是其几大要素的英文首字母缩略词，指的是整合技术的学科教学知识（technological pedagogical content knowledge）。这里，侧重点在于教师与学习设计人员的才能及其利用技术提升学习的能力。TPACK 框架的每个要素，从技术到利用技术支持学习的方式（即，教学法）再到学科的特色要求（即，内容），均同步工作，保障有效的学习。这三大要素分别由维恩图（Venn diagram）表示。教师或学习设计人员需要熟悉 TPACK 框架的全部三个方面，如此才能确保实现技术、教学法与科目内容的正确对接。而这三个要素之间的挂钩 / 相互关联与运用方式即构成 TPACK 的学习设计应用。

虽然 TPACK 包含三大要素，但这三大要素分别又有多个子集与排列组合，故具体的实施可能令人困惑，比较复杂（Saubern et al., 2020）。由于实践本位学习错综复杂，运用 TPACK 框架可能会导致学习设计过程难以驾驭、过于复杂。TPACK 需要教师和学习设计人员提供强大的教学法知识支持，这既是该框架的一大优势，也是一项劣势。也就是说，基于 TPACK 框架的专业规划在教育上是健全的，但若团队缺乏有力的教学法知识作为后盾，再加上实施不当或对教学原则认识不够，可能难以释放其专业的潜力。

八、结语

本章介绍了社会和经济方面迅速转变带来的挑战。随着数字技术和随之而来的基础设施能力的提升，工作方式和构成上的变化也不断涌现。因此，需要重新评估如何为实践本位学习占主要成分的工作培养人才。本章论点是，确保资格结构（即，预期课程体系）是良好的第一步，它保障了教学方法（即，落实的课程体系）不仅提供满足现有工作要求的适宜准备，而且涵盖工种转换所需的技能、知识与特质／习性。然后，各专业毕业生（即，修完体验到的课程体系）可从衰落的职业转至继续存在的职业，后者能提供适宜的薪酬与自我实现。

本章还论述了为有效的 TEL 运用赋能所需的前提条件。要开展数字赋能型学习，需要解决数字公平和数字素养的培训与教育问题。数字公平和数字素养都是持久挑战。然而，工作的未来建立在一个基础之上：需要确保人人享有适当的数字技术资源，能够获取数字资源。伴随数字化工具的供给，需要确保学员具备足够的数字流利度，能够受益于数字赋能型学习。数字素养包括一系列让学员能够利用数字硬件与平台、评价数字信息和成为数字能手的技能、知识与特质／习性。

本章还论述了学习设计方面的内容。良好的学习设计能够让学习目标与相关学习方法和活动接轨，从而规定有待达成的 VET 目标。下面第 5 章将介绍支持实践本位学习且发展学员在职业显著需求之外的技能、知识与习性水平的教学方法。

参考文献

Aakernes, N. (2020). Both novice and expert? How apprentices develop vocational competence in workplaces where technology is continuously changing: Examples from the Norwegian media graphics programme. *Nordic Journal of Vocational Education and Training, 10*(1), 18–42.

Archer, A. (2006). A multimodal approach to academic 'literacies': Problematising the visual/verbal divide. *Learning and Education, 20*(6), 449–462.

Biggs, J. (1996). Enhancing teaching through constructive alignment. *Higher Education, 32*(3), 347–364.

Billett, S. (2011). *Vocational education: Purposes, traditions, and prospects.* Springer.

Branch, R. M. (2009). *Instructional design: The ADDIE approach.* Springer.

CAST. (2020). *The UDL guidelines.* http://udlguidelines.cast.org/.

Chan, S. (2016). New Zealand's move to graduate-profile framed qualifications: Implications, challenges and the occupational identity solution. *International Journal of Training Research, 14*(1), 5–18.

Collin, S., & Brotcorne, P. (2019). Capturing digital (in)equity in teaching and learning: A sociocritical approach. *International Journal of Information and Learning Technology, 36*(2), 169–180.

Fenwick, T., Edwards, R., & Sawchuk, P. (2011). *Emerging approaches to educational research.* Routledge.

Frey, C. B., & Osborne, M. A. (2017). The future of employment: How susceptible are jobs to computerisation? *Technological Forecasting and Social Change, 114*(January), 254–280.

Holmes, L. (2013). Realist and relational perspectives on graduate identity and employability: A response to Hinchliffe and Jolly. *British Educational*

Research Journal, 39(6), 1044–1059.

Kuper, H. (2020). Industry 4.0: Changes in work organization and qualification requirements— Challenges for academic and vocational education. *Entrepreneurship Education, 3,* 119–131.

Lea, M. R., & Jones, S. (2011). Digital literacies in higher education: Exploring textual and technological practice. *Studies in Higher Education, 36*(4), 377–393.

Lea, M. R., & Street, B. V. (2006). The 'academic literacies' model: Theory and applications. *Theory into Practice, 45*(4), 368–377.

Merrill, M. D. (2002). First principles of instruction. *Educational Technology, Research and Development, 50*(3), 43–59.

Miller, C., & Bartlett, J. (2012). 'Digital fluency': Towards young people's critical use of the internet. *Journal of Information Literacy, 6*(2), 35–55.

Mishra, P., Koehler, M. J., & Henriksen, D. (2011, March/April). The seven trans-disciplinary habits of mind: Extending the TPACK framework towards 21st century learning. *Educational Technology, 51*(2), 22–28.

New London Group. (1996). A pedagogy of multiliteracies: Designing social futures. *Harvard Educational Review, 66*(1), 60–92.

Nichols, M. (2020). *Transforming universities with digital distance education: The future of formal learning.* Routledge.

Nygren H., Virolainen M., Hämäläinen R., & Rautopuro J. (2020) The fourth industrial revolution and changes to working life: What supports adult employees in adapting to new technology at work? In M. Collan & K. E. Michelsen (Eds.), *Technical, economic and societal effects of manufacturing 4.0.* Palgrave Macmillan.

NZ Qualifications Authority. (2018). *Consultation on proposed changes to the NZ Qualifications framework.* https://www.nzqa.govt.nz/assets/About-us/Consultations-and-reviews/NZQFReview/NZQF-consultation-paper-231018-Final.pdf.

Parkinson, J., Demecheleer, M., & Mackay, J. (2017). Writing like a builder: Acquiring a professional genre in a pedagogical setting. *English for Specific Purposes, 46*(1), 29–44.

Razzouk, R., & Shute, V. (2013). What is design thinking? And why is it important? *Review of Educational Research, 82*(3), 330–348.

Reich, J. (2020). *Failure to disrupt: Why technology alone can't transform education*. Harvard University Press.

Reiser, R. A. (2001). A history of instructional design and technology: Part I: A history of instructional media. *Educational Technology Research and Development, 49*, 53.

Rose, D. (2000). Universal design for learning. *Journal of Special Education Technology, 15*(3), 45–49.

Saubern, R., Henderson, M., Heinrich, E., & Redmond, P. (2020). TPACK—Time to reboot? *Australasian Journal of Educational Technology, 36*(3), 1–9.

Seet, P., Jones, J., Spoehr, J., & Hordacre, A. (2018). *The fourth industrial revolution: The implications of technological disruption in Australian VET*. NCVER.

Sennett, R. (2008). *The craftsman*. Allen Lane.

Simpson, O. (2018). *Supporting students in online, open and distance learning*. RoutledgeFalmer.

Spronken-Smith, R., Bond, C., McLean, A., Frielick, S., Smith, N., Jenkins, M., & Marshall, S. (2013). *How to engage with a graduate outcomes' agenda: A guide for tertiary education institutes*. Ako Aotearoa. https://ako.ac.nz/knowledge-centre/graduate-outcomes/how-toengage-with-a-graduate-outcomes-agenda-a-guide-for-tertiary-education-institutions/.

West, R. E., Ertmer, P., & McKenney, S. (2020). The crucial role of theoretical scholarship for learning design and technology. *Educational Technology Research and Development, 68*, 593–600.

Wiggins, G., & McTighe, J. (2005). *Understanding by design.* Association for Supervision and Curriculum Development.

Wilson, B. G. (2013). A practice-centered approach to instructional design. In J. M. Spector, B. B. Lockee, S. E. Smaldino, & M. Herring (Eds.). *Learning, problem solving, and mind tools: Essays in honor of David H. Jonassen* (pp. 35–54). Routledge.

Wilson, L. O. (2019). *Anderson and Krathwohl—Bloom's taxonomy revised, the second principle.* https://thesecondprinciple.com/wp-content/uploads/2019/10/blooms-taxonomy-revised.pdf.

Zobrist, L., & Brandes, D. (2017). *What key competencies are needed in the digital age? The impact of automation on employees, companies and education.* Deloitte AG.

第 5 章　工业 4.0 的 VET 学习方法

　　摘　要　本章将梳理、介绍和论述与"工业 4.0 和教育 /VET 4.0"接轨且支持技能发展、知识获取与相关习性 / 特质实现的学习方法。具体将介绍、论述和评价偏好社会建构主义方法的教学导向，它是确保学员有条件在未来职场如鱼得水的一种建议。首先，本章简要评述 VET 技能与知识的构成情况。然后介绍项目本位学习方法，并涉及辅助个体或团体学员的探究式 / 问题本位学习。最后，本章将详述与 TEL 支持的实践本位学习相关的项目本位 / 探究式 / 问题本位学习的延伸内容。

　　关键词　项目本位 / 问题本位 / 探究式学习；技术增强型学习；个性化学习环境；仿真；视频

一、引言

　　巩固关键职业能力发展的教学方法需要平衡所需的职业特质，确保学员能够"迁移"发现 / 解决问题的技能，能够参与提升技能的继续学习、进行团队协作（团队包括人力与技术成分，技术指机器人或人工智能平台）以及为广大社会做贡献以应对"险象环生"的挑战。如第 4 章所述，发展这些重要特质 / 习性可确保学员修完资格课程，帮助他们更好地应对未来的剧变和挑战，因为当前和未来工作受到持续的且往往是迅猛的变革的影响。

二、VET 技能、知识与习性

如前文章节所言，在了解 VET 学习方面，其统摄性理念是学习作为一个"成为"的过程或实现职业认同的过程。学员如何"成为"是通过模仿环节并辅以模仿学习进行实践本位学习的结果。通过参与以职业为中心的学习目标，学员学习、巩固和体现相应的做事、思考、做人和感知方式（Chan，2013）。因为与实践社群的关系及其中的相互关系（Gherardi，2010）（即，社会文化层面），以及所从事职业的社会物质层面（Fenwick & Nerland，2014），每位学员均形成个性化视角。因为"学会成为"有助于形成个人的整体职业认同，"具身"（embodiment）这一概念（Hyland，2019）颇有用处。通过深度密集地参与实践，学员会将熟练的表现与学以致用地解决问题及创新的能力有机结合起来，并形成与职业相关的习性（如，工匠精神）（Chan，2014）。因此，"具身"这一概念有助于理解在学员"学会成为"过程中"做人"方面的整体融合。

我们可从不同角度理解知识、技能与特质的概念。知识通常分为两种，要么是陈述性的（declarative），要么是程序性的（procedural）（De Jong & Ferguson-Hessler，1996）。陈述性知识指知晓各种理念与实践中的"做什么、怎么做和为什么"。而程序性知识指学员在运用方法及程序和进行工具 / 机械 / 设备 / 技术操作时，知晓如何执行具体任务（De Jong & Ferguson-Hessler，1996）。知识学习与造诣的复杂水平也分深浅（Beattie et al.，1997）。学习深度是指在多大程度上嵌入陈述性知识。深度学习指学员能够超越对相关课题的表浅认识（Biggs，1999）。虽然深度 / 浅层学习因发展不健全和被教育部门不加批判地采用而遭到诟病（Howie & Bagnall，2013），但这个隐喻提供了一条认识实践本位学习复杂之处的途径。

此外，有人探讨一种或一个层级的知识（即，程序性 / 浅层知识）是否会促进另一种 / 另一层级知识（即，陈述性 / 深度知识）的发展

（Rittle-Johnson & Alibali，1999）。在实践本位学习中，相对简单的技能、知识与特质搭建的支架可以被视为教学法的一大支柱。例如，以参与为媒介的引导式学习（Rogoff，1995）与认知学徒制的规范（Collins et al.，1991）均源于与学徒制学习相关的民族志研究（关于这些学习理论的论述，参见第 3 章）。因此，我们其实是绕了一圈——通过模仿（即，观察、效仿和练习）与模仿学习（即，个人基于社会文化与社会物质层面的贡献进行的意义构建），将学徒制学习原则应用于了解和支持所有教育情境的学习。

　　由此可见，契合实践本位学习的学习方法及其相关学习成果与评估方式（即，通过学习设计实现建设性接轨），有助于整体性学习，因为人们为了达到实现职业认同所需的技能、知识与特质 / 习性水平离不开这种整体性学习；进而支持和引导学员在专业化实践领域中实现职业认同或"成为"受认可的从业人员。下面几节将详述项目本位学习和探究式 / 问题本位学习等学习方法——这些学习方法均接轨"帮助学员最终实现职业认同"的规范。这些学习方法鼓励各种形式的深度学习，有助于学员掌握和批判性地运用参与复杂工作所需的陈述性知识。将学习设计（参见第 4 章）应用于精心开发和计划一系列项目本位 / 探究式 / 问题本位学习活动，可以加强学员知行合一的能力，而这种娴熟在一切形式的工作中都很重要（Kuper，2020）。

　　将学习设计置于项目本位 / 问题本位 / 探究式学习方法中也有助于实现真实性 / 现实学习，对不可预测、杂乱无章且难以捉摸的亲历工作体验也有所启发（Fenwick et al.，2011）。

　　另外，项目本位 / 探究式 / 问题本位学习有助于完成个人或小组学习。单独一人开展项目本位 / 探究式 / 问题本位学习会产生一定的效益。建设性的学习过程能够支持和激发学员重温、借鉴先前学识，将自身经验应用到全新的情境或挑战中——这往往需要学员获取和学习新的技能与知识，而且学员在达到或超越学习目标时会获得满足感（Hmelo-Silver et al.，2007）。在基于小组的项目本位 / 探究式 / 问题本位学习活动中，学员能够扩展个人学识，习得许多沟通和人际关系技能与特质，而这些素质正是学员成为卓有成效、贡献卓著的团队成员所需要的（Finnie et al.，2014）。这些结构化学习活动有助于学员为进入职场做足准备——在职场中，工作任务也是由工作者（即，人类与非人类工作者［如，机器人和 AI 平台等］及团队）分工完成的（Seet et al.，2018）。

三、项目本位学习

由探究式学习或 / 和问题本位学习增强的项目本位学习（project-based learning）被视为支持整体性学习 VET 4.0 技能、知识与习性的一种选择。这些学习方法不仅为 VET 学员提供真实性学习机会，而且帮助学员学习面向未来的关键"可迁移"/ 横向技能（即，批判性思维、沟通交流与团队协作）。

（一）项目本位学习的定义

在一门课程 / 一项研究或职场中完成一个项目与构建一门关于项目本位学习教学原则的课程，二者存在差别。项目本位学习指，通过完成真实性实践本位项目达成清晰的学习目标（Rees et al.，2019）。如此，项目本位学习能够确保项目任务中的陈述性知识学习与应用融入课程学习目标之中。为确保有效，项目本位学习必须包含有相当深度的内容，帮助学员达到学习目标，而且在课题选择上最好体现一定程度的学员选择与声音（Larmer & Mergendoller，2012）。此外，项目本位学习必须建立在反思性学习流程的基础之上，助力学员习得未来工作所需的"21 世纪技能"（Larmer & Mergendoller，2012）。因而，修读项目本位重要课程体系内的课程可让修习的"可迁移技能"对于学员、认证机构、雇主以及其他利益相关方是可见的。若有 TEL 加持，习得的技能将包括维持工作和职业发展的数字流利度所需的许多技能（Zobrist & Brandes，2017）。

项目本位学习要素既可以是个人的"个性化项目本位学习"（Demink-Carthew & Olofson，2020），也可以通过基于团队的协作式项目完成。学员小组全体成员不一定要出身同一学科领域。在小组学员来自不同学科领域的情况下,项目本位学习能反映真实的工作/行业实践。参与项目本位学习可能涉及来自若干相关学科领域的学生,他们共同致力于实现某一共同目标。芬尼等人(Finnie et al.,2014)给出了新西兰达尼丁市(Dunedin)奥塔哥理工学院(Otago Polytechnic)的一个例子:来自室内与产品设计、施工管理、木工、结构工程和电气电子工程等专业的学生携手设计和建造一个采用可持续技术的学生学习空间。

要实施项目本位学习,还必须融入教师引导,确保有效引入和支持项目本位学习的规范。为使 TEL 成为教学辅助平台,还应开展数字化工具方面的能力建设(Rees et al.,2019)。

四、扩展项目本位学习以涵盖探究式学习与问题本位学习

项目本位/探究式/问题本位学习方法可助力发展许多特质。这些特质包括所有工种均需要的"个人管理与学习"技能(Kuper,2020)。项目本位学习非常契合实践本位学习的规范。而真实性项目为学员提供职场预期的先导经验。"真实世界"项目往往是通过 VET 机构的行业网络进行的,可作为 VET 项目本位学习活动的发展基础。项目本位学习的构造与支撑方式对顺利结业至关重要。以探究式学习和/或项目学习扩充项目本位学习,可确保可迁移特质被纳入其中,并且这些特质在学员身上是可见的。同样地,这些学习形式的策划与结构对保障学员参与和结业具有重要作用。

(一)探究式学习

探究式学习(inquiry-based learning)是一种建构主义学习方法,在此方法下,学员有责任识别待探索的相关课题。作为一种实用的入门级活动,探究式学习适宜已经具备强大能力或知识基础的学员,他们对

于学习是自我驱动的，并且拥有内在动力（Hmelo-Silver et al.，2007）。在 VET 背景下，当融入项目本位学习时，探究式学习尤其有用。当学员负责完成有创新或创业成分的项目时，探究式学习活动可并入项目本位学习。探究式学习为探索"新知"构建了框架，有助于学员"紧跟任务"，不会偏离项目学习目标太远。

探究式学习共有四个层级（Banchi & Bell，2008）：确认式（confirmation）探究、结构式（structured）探究、引导式（guided）探究和开放式（open）探究。其中，确认式探究指学员带着一组已知或有限答案来研究一个课题。确认式探究是很好的探究式学习入门方法，用来支撑学员迈向更复杂的探究形式。在结构式探究方法下，学员会拿到关联一个更大研究课题的一系列小型探究课题。结构式探究的一个范例是采用"一日一问"课程结构（O'Grady et al.，2012），即在一日之初向学员提出一个简短问题，学员将单独或分组寻找"答案"，求得解决方案或解决问题，然后，在一日结束之时向班级和教师汇报答案或解决方案。引导式探究方法与结构式探究类似，但每部分探究的主要问题旨在让学员保持在正轨上。在开放式探究中，学习通常建立在学员与教师之间商定的"学习契约"的基础上。另一种方法是向学员分派任务去排查问题或解决故障，或者加入真实的案例分析（Wood，2009）。在问题排查这一步发现的疑问可进而作为探究的基础（Banchi & Bell，2008）。

（二）问题本位学习

如上文所述，许多实践本位工作和探究式学习活动涉及问题的排查与解决。诊断问题，然后设法解决问题，可以将许多实践本位职业归类。具体例子包括医师、汽车工程师（摩托车机修工的例子参见 Crawford，2009）、女服务员（详情参见 Rose，2005）和木匠（参见 Marchand，2010）。多尔曼斯等人（Dolmans et al.，2016）提出，问题本位学习（problem-based learning）鼓励学员参与深度学习，因为完成有挑战性的学习活动会产生内在激励。问题本位学习方法适用于各行各业和各个教育层级，学习目标在于支持学员通过参与真实性学习来培养批判性思维与问题解决能力（Yew & Goh，2016）。整体方法需要学员审视和界定问题，探索先前知识且将之运用于手上的问题，确定需要学习的内容，厘清从何处及如何获取解决问题所需的知识，评价各种问题解决办法或算法并且解决问题，以及汇报自己的发现（Savery，2006）。

为问题本位学习设定的学习目标包括，学员有机会选择小组工作、管理项目、主导项目以及运用口头与沟通技能汇报研究成果（Nilson，2010）。这种方法的学习优势包括提高学员的自我意识、独立性、批判思维和分析能力、概念解释能力、自主学习能力、学以致用能力、研究素养和信息素养以及跨学科的问题解决能力（Nilson，2010）。

可采用多种方式构建问题本位学习活动。这些方法规模各异：以新加坡共和理工学院的"一日一问"课程架构为代表的课程结构（O'Grady et al.，2012）；使用真实案例分析（Wood，2009）；实际职场实践带来的挑战；引入医疗卫生等职业的特有难题（Windschitl，2002）。问题本位学习还可支撑"顶点"（capstone）课程（Dunlap，2005）。顶点课程发生在专业结束之时，届时学员会开展某种形式的项目导向型工作——通常属于或涉及工学结合（work-integrated learning，WIL）或实习项目。顶点课程让学员有机会学以致用，将个人所学运用于现实/真实世界挑战。这些课程的特点是赋予学员选择课题与课程范围的机会，将研究和汇报真实世界问题解决结果的机会纳入其中，以及强调实践中的反思与探究环节（Dunlap，2005）。为确保顶点课程的效能，必须在整个学习期间提供支持和辅导。学习辅助必须涵盖开设顶点课程的不同情境，因为这些项目通常涉及学员参与社群或职场协作（Dunlap，2005）。

（三）个人或团队学习

本节将介绍和论述为学员个人或团队开发项目本位/探究式/问题本位学习有哪些优势与挑战。个人学习与团队学习各有其优点，从中二选一的决策应契合学习目标与学科特有实践。事实上，VET 侧重帮助学员做好应对职场的准备，这本身意味着，强调支持学员开始融入小组和团队协作环节的做法是合理的。然而，从学习活动中构建意义的是个人。因此，VET 课程体系 / 学习设计要有一个平衡，确保个人的个性化学习需要得到满足，同时预期的团队协作知识、技能与习性培养也要被嵌入 VET 专业。

如上文奥塔哥理工学院的例子所示（Finnie et al.，2014），项目本位 / 探究式 / 问题本位学习活动可能涉及多个学科背景的学生携手实现生产目标、问题解决目标或探究式目标。

五、个性化学习环境对 VET 的重要意义

若采用以个人的意义构建和知识构建为中心的"学习即成为"理论，则一个有效方法是帮助个人实现学习机会最大化。个性化学习环境（personalised learning environments，PLEs）或个性化学习（personalised learning）（Garrick et al.，2017）用来描述以个人学习目标为中心的课程体系架构。个性化项目本位学习（Demink-Carthew & Olofson，2020）或许是一种组织个性化学习环境的方式，能够反映"学习由师生共建"的原则。个性化学习环境进而又提供了支持共建式学习的体系——往往通过协作制定"学习契约"（Attwell，2007）和收集整理电子档案来学习。个性化学习需要系统性的学习开发与计划，以帮助学员进阶，达成学习目标（Zhang et al.，2020）。沃金顿和伯纳基（Walkington & Bernacki，2020）提出，个性化学习设计应涵盖学习深度的决策，其中包括，确定是个人单独还是以小组作业形式完成学习以及如何确立教师指导量与学员任务量商议程序。

伴随"个性化学习环境"这一概念，出现了自适应学习（adaptive learning）概念（Phillips et al.，2020）。布朗等人在 2020 年的《地平线报告》（Brown et al.，2020）中称，技术支持型自适应学习工具应用有所增加。自适应学习让学员能够在学习过程中得到及时反馈，从而加强个性化学习环境。当前的反馈可以在学员完成机构的学习管理系统

（LMS）线上小测验后通过结构化评论向学员提供，也可以通过专门的自适应学习平台提供。整体上，自适应学习平台一直属于科学、技术、工程或数学（即，STEM）占较大成分的传统课程领域，因为这些学科涉及较高成分的规范化知识与清楚界定的答案（Brown et al.，2020）。不过，自适应学习也涉及经济学、历史和心理学等非 STEM 学科的倡议（Brown et al.，2020）。VET 实践本位学习的许多方面都有大量的 STEM 成分，因而将自适应学习纳入学习设计工具箱是颇有前景的。与教学的其他方面一样，学习设计非常重要，有助于确保与学习目标、学习活动（此处指自适应个性化学习环境）以及学习评估接轨（Kinshuk，2016）。然而，自适应学习当前面临的挑战在于开发支撑具体方法之计算机科学的成本，尤其是在融入 AI 技术的情况下（Brown et al.，2020）。

六、面对面学习不可行时的真实性学习

当面对面或物理接触真实性学习环境不可行时，实践本位学习较难满足的一面是复制学习的"动手"或"边做边学"环节。A. 赫林顿和 J. 赫林顿（Herrington & Herrington，2006）提出，真实性学习环境涵括：真实性内容、真实世界学习活动、专业表现资源和真实性流程模拟、浏览和参与多个"工作"角色与视角的机会、鼓励配套了学习反思和表达机会的知识共建、潜在辅导和支架以及与真实性评估接轨。

视频和仿真有助于克服上述部分挑战，提供真实性学习环境。本节将总结这两种技术形式给予的可供性。虽然二者无一能取代实践的社会物质方面，但皆能够在视听上复制工作任务与流程。不过，二者无法取代各种工具、机械或材料提供的触觉和社会物质反馈。注意这些缺陷、以关注社会物质层面的计划型学习活动取代亲身体验的做法，有助于突显这些重要方面。此外，视频和仿真或游戏化学习（games-based learning）（Galarneau，2005）可与项目本位 / 探究式 / 问题本位学习相结合。本节介绍的视频或仿真运用的背景是，利用二者完善项目本位 /

探究式 / 问题本位学习方法，适当时加以补充，将个性化学习环境和自适应学习纳入其中。

（一）视频及其对 VET 的贡献

视频录像与数字视频（即，YouTube 和类似平台）及其前身——影视——可为实践本位学习提供重要支持（参见第 3 章陈等人［Chan et al.，2013］提及的提升技能与习性学习的 TEL 例子）。本节将论述面对面实践本位学习渠道受限时，提供给人们的学习渠道面临的挑战与部分解决方案。

个人录像设备（即，较早的便携式摄像机和如今的手机）的出现让人类能够采集大量的人类活动录像。于是，以各种形式向学员"推送"视频，包括讲课 / 讲座录像、实操技能演示、数学技能录像（例如，参见可汗学院存档的许多视频），以及采用光板（lightboard）技术录制的"大声发表意见的运作原理"或"半加工样例"等（Billett，2011）。借助光板录像技术，辅导员或讲师能够在面对视频的情况下录制相关图表与计算（关于光板的详情，参见 Lubrick et al.，2019）。

根据全书建议的建构主义方法，视频也应用来"提取"学员经验。视频能够捕捉学员对实践本位学习活动的呈现。这些学员生成的视频构成了帮助学员刻意练习的各种学习活动的基础。通过学员批判和达到实践本位学习目标能实现同侪学习，它可以用来改善"反思性对话"（Harford et al.，2010）和学习复杂技能以及难以言表的习性方法（Chan et al.，2013）。当学员能够利用大多数家庭可用的资源时，学员也可以有一些实践方面的接触。日常接触车辆的汽车贸易行业学员能够执行换胎等简单任务；美容医疗专业学生也可运用实操技能改善家庭成员的形象和福祉；而烹饪专业学生可烹制简单菜肴。在上述例子中，学员均会以视频或照片等媒介记录自己的工作（即，从学员身上提取学习证据）。然后，教师可将这些资源作为实践本位学习反思性讨论的框架（即，帮助连通学习）。

因此，为支持实践本位学习，将人们活动的执行过程录制下来固然重要，但更重要的是如何利用这些录像增强学习——补充"推送"与"提取"学习要素所需的"连通学习"要素，以确保学员最大限度地发挥他们在学习活动中固有的学习潜力。

（二）仿真——连续体

在支持真实性学习与情境学习方面，仿真技术有着悠久历史（Maran & Glavin，2003）。非技术赋能型仿真包括复制工作流程的"书面线索"（paper trail），比如酒店接待员、工料测量师、会计师等职业的工作。数字赋能型仿真可视为一种连续体，包括从数字的最小集成连续体到学员在虚拟现实（VR）环境中体验到的仿真。马兰和格拉维（Maran & Glavin，2003）认为这一连续体是从低保真至高保真的仿真。该连续体始于小型仿真——旨在辅助学习与巩固简单或部分任务，然后复杂度不断增加，直至迈向计算机驱动的模型，比如飞机驾驶仿真。第7章将详述包含 VR 环境的仿真。

连续体例子如图 5.1 所示，该图总结了当前可用的、与实践本位学习有关的仿真。在这个连续体中，非数字赋能型仿真代表低保真方法。使用游戏或"虚拟世界"（如虚拟环境，"第二人生"［Second Life］与 Mozilla Hubs）的案例分析代表了向更高保真度迈进一步。通过引入增强现实（AR）或进入 VR 生成环境，可以提高真实性学习地点的实地考察、探险或参观的保真度。仿真方面值得注意的是人体模型的使用——如今已成为实践本位卫生教育的一大特色（Aarkrog，2019）。这些用于培养护士、医生等人才的人类生活复制品也可辅以 AR（即在人体模型上叠加数字可视化效果）或 VR（通过虚拟环境访问和使用人体模型）技术。关于 AR 和 VR 的详述见第 7 章，二者为提高实践本位仿真的本真性做出了额外贡献。在支架式学习方面，从低保真至高保真仿真的学习设计可能性为学员提供了习得数字素养、优化学习的机会。

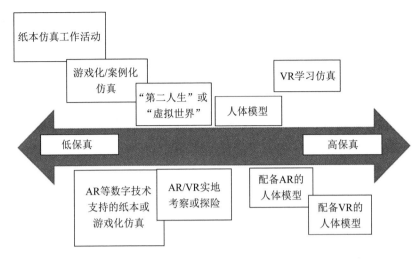

图 5.1　支持实践本位学习的仿真连续体

医疗卫生部门运用数字增强型人体模型来模拟与患者的现场接触（Aarkrog，2019），让学生能够先达到一定的自信和能力水平，然后再接触真人。这样，学生可以学习包含人类互动在内的高难度习性特质（Ahn & Nystrom，2020），并且接触到医疗卫生实践的某些社会物质方面（Hopwood et al.，2014）。与上面介绍的视频使用一样，重要的不仅是仿真参与，还有活动体验提供的省思与反思性学习（Dieckmann et al.，2009；Sellberg & Wiig，2020）。

（三）无法使用实体学习空间时的仿真

当机构设施无法使用或使用受限时，教师和学员通常无法利用高保真仿真。不过，"虚拟世界"（即，"第二人生"/Mozilla Hubs）与谷歌探险（Google Expeditions）等平台上存档的实地考察 / 展览等，或者其他定制的资源 / 仿真，为学员提供了采用某些形式真实性学习的途径。"第二人生"/Mozilla Hubs 可用来模拟协同合作、团队协作和学习沟通规范。虚拟实地考察等有助于学员接触专门的职业环境。两个平台均可向学员"推送"资源，而"提取"环节要求学员评价在"第二人生"/Mozilla Hubs 接触中的表现，或者总结"虚拟世界"在虚拟实地考察或探险中的方方面面。教师的角色是辅导学员在实现学习目标过程中进行反思性学习，他们应成为"身边向导"或"中间干预者"（McWilliams，2009），而非"讲坛上的圣人"。

七、将"推送—连通学习—提取"框架应用于实践本位学习

每种学习方法（即，项目本位／探究式／问题本位学习和仿真）均可配备 TEL 支持，尤其是当学员仅能够远程访问学习活动时，以上构成本节的主要内容。本书第 3 章提出了实践本位 VET 学习的微观设计框架。在该框架下，平台向学生"推送"各种资源、学习活动和信息，而对于学习环节则从学员及其同侪或教师处"提取"学习证据——以询问的答案为形式，然后，"连通学习"环节提供社会文化和积极参与式学习，帮助学员领会他们的经验和被推送的学习资源，同时以各自的贡献（即，提取的学习证据）作为回报。该框架应用于上述学习方法，有助于对如何支持 TEL 应用有深入的认识——以社会建构主义学习理论为框架，进而在学习"成为"之旅中帮助学员。

因此，在借助数字化工具支持实践本位学习时，重点在于确保这些工具真的为既定的学习目标赋能，而非让学员偏离它。"推送—连通学习—提取"框架的三个步骤全部可利用数字平台或应用程序实现。不过，重要的是工具和／或资源应匹配各个步骤的学习目标。例如，在图 5.2 的中间层中，项目本位／问题本位／探究式学习方法可以获得的支持是，通过学习管理系统（LMS）或手机社交 APP 向学员"推送"教学指示等。而学员的解决方案等可提交至 LMS 或移动 APP 上，以供"提取"。至于引导学员进行项目本位／探究式／问题本位学习的"连通学习"环节，可借助传统 LMS 通信模块（即，论坛）实现异步提供或者通过 Facebook Messenger 或 WhatsApp 等移动聊天／短信 APP 实现同步提供。工具选取决策非常关键，需要匹配学员及其教师的数字素养以及学员可用的设备类型与移动数据流量套餐。下面第 6 章将给出具体例子

和建议，说明如何将种类繁多的 TEL 工具和 APP 与待完成的学习目标匹配起来。

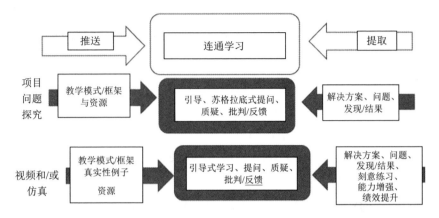

图 5.2　将"推送—连通学习—提取"框架应用于实践本位学习方法

八、结语

本章介绍、论述和评价了与 VET 实践本位学习规范最为契合的各种学习方法。这些方法不仅提供主动学习或体验式学习经验，而且若加以有效运用并辅以周全的学习设计和适当的教学指导，还可帮助学员达到规定的胜任力或能力水平——其中重要的方面包括：能够独立工作或与他者（包括技术性工作的非人类要素）一同工作，具备持续学习能力，能够发现问题和应对复杂挑战以及养成贯彻完成复杂和 / 或困难工作所需的毅力、自觉性等习性。第 6 章将详述如何最大限度地支持本章所述的学习方法，以及各类学习的构建或"提供"方式（即，混合式学习 / 翻转学习、移动学习等）。

参考文献

Aarkrog, V. (2019). 'The mannequin is more lifelike': The significance of fidelity for students' learning in simulation-based training in the social and healthcare programmes. *Nordic Journal of Vocational Education and Training, 9*(2), 1–18.

Ahn, S., & Nystrom, S. (2020). Simulation-based training in VET through the lens of a sociocultural perspective. *Nordic Journal of Vocational Education and Training, 10*(1), 1–17.

Attwell, G. (2007). *The personal learning environments—The future of eLearning? eLearning papers.*

Banchi, H., & Bell, R. (2008). The many levels of inquiry. *Science and Children, 46*(2), 26–29.

Beattie, V., IV, Collins, B., & McInnes, B. (1997). Deep and surface learning: A simple or simplistic dichotomy? *Accounting Education, 6*(1), 1–12.

Biggs, J. (1999). What the student does: Teaching for enhanced learning. *Higher Education Research & Development, 18*(1), 57–75.

Billett, S. (2011). *Curriculum and pedagogic bases for effectively integrating practice-based experiences.* Sydney. https://vocationsandlearning.blog/resources/.

Brown, M., McCormack, M., Reeves, J. D., et al. (2020). *2020 EDUCAUSE Horizon report, teaching and learning edition.* EDUCAUSE. https://library.educause.edu/-/media/files/library/2020/3/2020horizonreport.pdf?la=en&hash=DE6D8A3EA38054FDEB33C8E28A5588EBB913270C.

Chan, S. (2013). *Learning a trade: Becoming a trades person through apprenticeship.* Ako Aotearoa Southern Regional Hub Project Fund. Ako Aotearoa. https://ako.ac.nz/knowledgecentre/learning-a-trade-becoming-a-trades-person-through-apprenticeship/learning-a-trade-becoming-a-trades-person-through-apprenticeship/.

Chan, S. (2014). Crafting an occupational identity: Learning the precepts of craftsmanship through apprenticeship. *Vocations and Learning, 7*(3), 313–330.

Chan, S., McEwan, H., & Taylor, D. (2013). *Extending hospitality students' experiences of real-world practice.* Ako Aotearoa Southern Regional Hub Project Fund. Ako Aotearoa. https://ako.ac.nz/knowledge-centre/guidelines-for-improving-students-reflective-practice-and-digitalevaluation-skills/guidelines-for-improving-students-reflective-practice-and-digital-evaluationskills-derived-from-a-study-with-hospitality-students/.

Collins, A., Brown, J., & Holum, A. (1991). Cognitive apprenticeship: Making thinking visible. *American Educator, 15*(3), 38–47.

Crawford, M. B. (2009). *Shop class as soulcraft: An inquiry into the value of work.* Penguin.

De Jong, T., & Ferguson-Hessler, M. (1996). Types and qualities of knowledge. *Educational Psychologist, 31*(2), 105–113.

DeMink-Carthew, J., & Olofson, M. W. (2020). Hands-joined learning as a framework for personalizing project-based learning in a middle grades classroom: An exploratory study. *Research in Middle Level Education Online, 43,* 1–17.

Dieckmann, P., Molin Friis, S., Lippert, A., & Østergaard, D. (2009). The art and science of debriefing in simulation: Ideal and practice. *Medical Teacher, 31*(7), e287–e294.

Dolmans, D. H. J. M., Loyens, S. M. M., Marcq, H., et al. (2016). Deep and surface learning in problem-based learning: A review of the literature. *Advances in Health Science Education, 21,* 1087–1112.

Dunlap, J. C. (2005). Problem-based learning and self-efficacy: How a capstone course prepares students for a profession. *Educational Technology Research and Development, 53*(1), 65–83.

Fenwick, T., Edwards, R., & Sawchuk, P. (2011). *Emerging approaches to educational research.* Routledge.

Fenwick, T., & Nerland, M. (2014). Sociomaterial professional knowing, work arrangements and responsibility: New times, new concepts? In T. Fenwick, & M. Nerland (Eds.), *Reconceptualising professional learning: Sociomaterial knowledges, practices and responsibilities* (pp. 1–8). London: Routledge.

Finnie, D., Fersterer, C., Qi, Z. T., & Terpstra, C. (2014). A student project development for multidisciplinary programs at Otago Polytechnic [online]. In A. Bainbridge-Smith, Z. M. Qi, & G. S. Gupta (Eds.), *25th Annual Conference of the Australasian Association for engineering education: Engineering the knowledge economy: Collaboration, engagement & employability* (pp. 932–940). School of Engineering & Advanced Technology, Massey University.

Galarneau, L. L. (2005). *Authentic learning experiences through play: Games, simulations and the construction of knowledge.* Available at SSRN: https://ssrn.com/abstract=810065 or http://dx.doi. org/10.2139/ ssrn.810065.

Garrick, B., Pendergast, D., & Geelan, D. (2017). Introduction to the philosophical arguments underpinning personalised Education. In *Theorising personalised education.* Springer.

Gherardi, S. (2010). Community of practice or practices of a community? In S. J. Armstrong & C. V. Fukami (Eds.), *The SAGE handbook on management, learning, education and development* (pp. 514–530). Sage.

Harford, J., MacRuairc, G., & McCartan, D. (2010). Lights, camera, reflection: Using peer video to promote reflective dialogue among student teachers. *Teacher Development, 14*(1), 57–68.

Herrington, A., & Herrington, J. (2006). What is an authentic learning environment? In A. Herrington & J. Herrington (Eds.), *Authentic learning environments in higher education* (pp. 1–13). Information Science Publishing.

Hmelo-Silver, C. E., Duncan, R. G., & Chinn, C. A. (2007). Scaffolding and achievement in problem-based and inquiry learning: A response to Kirschner, Sweller, and Clark (2006). *Educational Psychologist, 42*(2), 99–107.

Hopwood, N., Rooney, D., Boud, D., & Kelly, M. (2014). Simulation in higher education: A sociomaterial view. *Educational Philosophy and Theory, 48*(2), 165–178.

Howie, P., & Bagnall, R. (2013). A critique of the deep and surface approaches to learning model. *Teaching in Higher Education, 18*(4), 389–400.

Hyland, T. (2019). Embodied learning in vocational education and training. *Journal of Vocational Education and Training, 71*(3), 449–463.

Kinshuk. (2016). *Designing adaptive and personalized learning environments* (1st ed.). Routledge.

Kuper, H. (2020). Industry 4.0: Changes in work organization and qualification requirements— Challenges for academic and vocational education. *Entrepreneurship Education, 3,* 119–131.

Larmer, J., & Mergendoller, J. R. (2012). 8 essentials for project-based learning. *Educational Leadership, 68*(1).

Lubrick, M., Zhou, G., & Zhang, J. (2019). Is the future bright? The potential of lightboard videos for student achievement and engagement in learning. *EURASIA Journal of Mathematics, Science and Technology Education, 15*(8), em 1735.

Maran, N., & Glavin, R. (2003). Low-to high-fidelity simulation: A continuum of medical education? *Medical Education, 37*(Suppl. 1 [s1]), 22–28.

Marchand, T. H. J. (2010). Embodied cognition and communication: Studies with British fine woodworkers. *Journal of the Royal Anthropological Institute, 16*(s1), 100–120.

McWilliams, E. (2009). Teaching for creativity: From sage to guide to meddler. *Asian Pacific Journal of Education, 29*(3), 281–293.

Nilson, L. B. (2010). *Teaching at its best: A research-based resource for college instructors* (2nd ed.). Jossey-Bass.

O'Grady, G., Yew, E. H. J., Goh, K. P. L., & Schmidt, H. G. (2012). *One day, one problem: An approach to problem-based learning.* Springer.

Phillips, A., Pane, J. F., Reumann-Moore, R., et al. (2020). Implementing an adaptive intelligent tutoring system as an instructional supplement. *Educational Technology Research & Developement, 68,* 1409–1437.

Rees, L. D. G., Gerber, E. M., Carlson, S. E., & Easterday, M. W. (2019). Opportunities for educational innovations in authentic project-based learning: Understanding instructor perceived challenges to design for adoption. *Education Technology Research and Development, 6*(4), 953–982. https://doi.org/10.1007/s11423-019-09673-4.

Rittle-Johnson, B., & Alibali, M. W. (1999). Conceptual and procedural knowledge of mathematics: Does one lead to the other? *Journal of Educational Psychology, 91*(1), 175–189.

Rogoff, B. (1995). Observing sociocultural activity on three planes: Participatory appropriation, guided participation and apprenticeship. In J. V. Wertsch, P. Del Rio, & A. Alverez (Eds.), *Sociocultural studies of mind* (pp. 139–164). Cambridge University Press.

Rose, M. (2005). The working life of a waitress. In M. Rose (Ed.), *The mind at work: Valuing the intelligence of the American worker* (pp. 1–30). Penguin.

Savery, J. R. (2006). Overview of problem-based learning: Definitions and distinctions. *Interdisciplinary Journal of Problem-Based Learning, 1*(1), 9–20.

Seet, P., Jones, J., Spoehr, J., & Hordacre, A. (2018). *The fourth industrial revolution: The implications of technological disruption in Australian VET.* NCVER.

Sellberg, C., & Wiig, A. C. (2020). Telling stories from the sea: Facilitating professional learning in maritime post-simulation debriefings. *Vocations and Learning, 13,* 527–550.

Walkington, C., & Bernacki, M. L. (2020). Appraising research on personalized learning: Definitions, theoretical alignment, advancements, and future directions. *Journal of Research on Technology in Education, 52*(3), 235–252.

Windschitl, M. (2002). Framing constructivism in practice as the negotiation of dilemmas: An analysis of the conceptual, pedagogical, cultural, and political challenge facing teachers. *Review of Educational Research, 72,* 131–175.

Wood, J. P. (2009). Design for inquiry-based case studies. *Journal of Learning Development in Higher Education*, 1.

Yew, E. H. J., & Goh, K. (2016). Problem-based learning: An overview of its process and impact on learning. *Health Professions Education, 2*(2), 75–79.

Zhang, L., Yang, S., & Carter, R. A. (2020). Personalized learning and ESSA: What we know and where we go. *Journal of Research on Technology in Education, 52*(3), 253–274.

Zobrist, L., & Brandes, D. (2017). What key competencies are needed in the digital age? *The impact of automation on employees, companies and education*. Deloitte AG.

第6章 TEL支持VET迈向工业4.0

摘要 本章将论述如何开发和运用TEL，借助远程学习或数字赋能型学习来支持实践本位学习。本章将提出和详述确保学习成功的学习设计，并且给出具体例子。然后，对于支持实践本位学习的数字赋能型学习和非数字替代方案，本章将提供其计划/设计、开发和实施指南（即，怎么做）与资源（即，用什么做）。同时，本章将借鉴和扩展第4章详述的学习设计流程，解释学习或教学设计的关键作用——在面对面互动中断时，确保实践本位学习能够继续下去。最后，在实践本位远程学习开发指南确立后，本章结尾将提出实践本位学习设计、开发和实施方面的重要建议。

关键词 数字赋能型学习；学员参与；边做边学；视频；社交网络

一、引言

如第2章所言，各教育领域的实践本位学习均被视为"学习即成为"环节，能够帮助学员"学会成为"。职业认同成就包括学习代表专门职业的技能、知识与特质/习性。个人的"学习成为"是通过模仿和模仿学习过程发生的。模仿涉及参与真实性体验，通过观察、效仿和练习来学习职业实践。模仿学习有助于模仿。模仿的辅助手段首先是内在心理学习——学员领会自己的经验，其次是学员与他者（既包括人——

社会文化层面，也包括非人——社会物质层面，比如学习时接触的工具、机械、材料和环境等）之间的人际心理的相互关系、交会与交互（Billett，2014）。因而，建构主义学习理论非常契合"学会成为"环节，因为这些理论有助于解释学习作为学员领会、吸收和最终体现自己习得之职业标志的方式。如第 2 章和第 3 章总结的，学员在他者的支持和帮助下构建自己的学习（即，社会建构主义）。也有观点认为，通过互联网接触辅助学习的知识和社交网络能够改善当今的学习（即，联通主义）。这些解释学习发生机制的新近学习方法与建构主义学习规范十分契合。联通主义规范（Siemens，2005）也有助于确保学员为未来职场做出更充分的准备。当务之急是，需要推动局部情境之外的互联，以及通过数字可供性进行国际化社交，服务于实践 / 职业社群且从中学习。

图 6.1 将总结前文章节介绍的不同概念的衔接情况，外加本章的延伸内容。在图 6.1 中，顶部的椭圆框（①）总结了实践本位学习的理论支撑（即，通过"学习即成为"环节）。然后，列出远程学习成功的赋能因素（数字素养、数字公平和学习设计）（②）。这些赋能因素是实践本位、数字赋能型学习专业可持续发展的前提条件，详见第 4 章所述。然后是契合"学会成为"与建构主义学习的各种学习方法（即，项目本位学习、问题本位学习和探究式学习）（③），详见第 5 章。紧接着是本章论述的议题（④）。具体议题包括借助数字化支持来构建实践本位教与学的方式——混合式 / 翻转、远程或混合弹性（hyflex，即混合式与远程学习的组合）。其次包括，毕业生档案成果、学习成果、学习活动与评估之间的建设性接轨（⑤），有助于设计教学和课程 / 课堂结构的微观要素（⑥）。这些要素具体包含设计、开发和实施适宜学习的活动，在配备适当活动、资源、APP 和工具的"推送—连通学习—提取"框架下，它们加强了通过练习（即借助引导等）进行的学习。

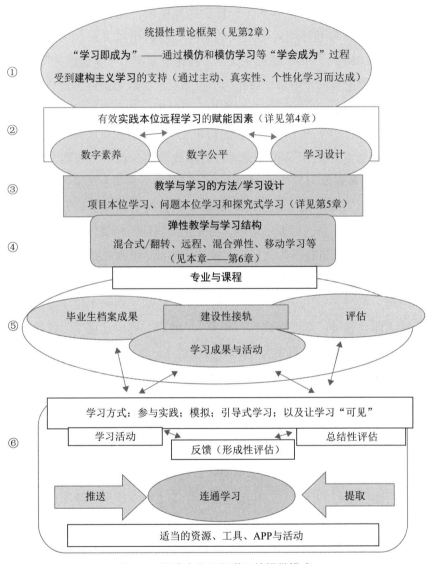

图 6.1　实践本位远程学习的提供模式

二、弹性学习层面

本节将介绍和论述支持学员导向或以学员/学习为中心的实践本位学习的另一个主要概念。与本书介绍的许多其他概念一样，弹性学习有多种定义。澳大利亚国家培训局给出的定义（ANTA，2003）建议将弹性学习视为学员在学习的 3W1H（what，when，where，how）发生机制方面享有的一种延伸选择。数字赋能型学习被视为一种提供某些弹性学习形式的手段。因而，弹性学习旨在让学习随着若干连续体发生。具体的连续体包括：学习一方面是教师主控 / 中心型的，另一方面是学员主控 / 中心型的；课程体系或学习成果一方面是结构化的，另一方面是预设至协商式 / 定制化的；学习一方面由预期课程体系 / 资格推动，另一方面是学习中心型的，与学员需求相称或相关；学习时间一方面由学员驱动型教学的"时间表"或制度规定，另一方面是"即时"的（just-in-time）；学习成果一方面被设定为协商式的，另一方面是学习契约式的安排，由共创或主导其学习的学员一同达成。以下几节将论述 TEL 的构建方式。若数字赋能型学习的目标是让弹性学习规范得以确立，则相关决策必须在进行学习设计之前做出，以确保 TEL 架构与弹性学习成果一致。

三、教与学的 TEL 架构

本节将介绍、论述和评价与实践本位学习相关的各种 TEL 构建方式（即，混合式 / 翻转、远程、移动等）。

（一）混合式学习

混合式学习（blended learning）让学员能够通过面对面和数字赋能型学习活动体验学习。有效的混合式学习离不开精心设计哪些学习活动适宜面对面教学，哪些适宜线上课程。混合式学习的配置或构建方式多种多样。重点在于学习架构应与 VET 背后的整体理念相符，包括第二节简述的弹性学习偏好。例如，科克斯和普瑞斯提吉（Cox & Prestridge，2020）报告了 VET 教师良好的线上教学法（即，数字赋能型学习）理念是如何以学生和学习为中心的。遗憾的是，VET 系统（在此指能力本位评估的约束限制）需要教师投入过多时间评分和开展行政管理，导致以学生和学习为中心的教学方法被边缘化（Cox & Prestridge，2020）。因此，重要的是确保开展适当的学习设计，消除由平衡良好学习与制度 / 认证机构要求带来的挑战。

下文将提供 VET 实践本位学习情境的相关实例。这些例子属于一种混合式学习形式，包括翻转学习和大规模开放在线课程（Massive Open Online Course，简称 MOOC 或慕课）。

1. 翻转学习

翻转学习（flipped learning），特别是正规教育部门开设的，有时也称"课下听讲、课上练习"或"颠倒学习"课堂（Fulton，2012）。在高等教育部门，翻转学习通常意味着，学生先观看讲座或完成"阅读"，然后再参加面对面教程或实验室课程。然后，面对面课堂时间专注于回顾和澄清学习内容以及讨论（DeLozier & Rhodes，2017）。在 VET 实践本位学习环境中，翻转学习的组织可与高等教育类似。学员课下观看技能演示视频，而面对面课堂时间则用于车间或工作间练习。

阿尔 – 萨马赖等人（Al-Samarraie et al.，2020）对高等教育中多个学科翻转学习效果的调查结果表明，翻转学习的效果一如宣传的那样，能够增益学生的参与度、元认知、态度、表现、认识和成就。但也总结了翻转学习的局限性：需要计算视频 / 数字资料的理想时长，教师准备学习资料需要时间以及需要学生投入时间完成"课前"作业。

2. 慕课

当代版本的数字赋能型学习是大规模开放在线课程的创建。慕课通常是人人皆可注册学习的免费课程。有的高校也提供免费慕课，作为"基础"课程。若学员寻求结业认证，则需要付费（Reich & Ruiperez-Vallente，2019）。慕课通过各种在线平台提供，比如 EdX、Coursera、Udacity、Udemy、FutureLearn 等。大量学生注册学习慕课。慕课通常采用"翻转学习"架构，即学生观看录制好的讲课 / 讲座、完成阅读、参与异步讨论。虽然推出时的种种迹象表明其潜力可观，但慕课从来没有真正兑现其做出的承诺，存在留存率低和结业成果欠佳等弊端（Reich & Ruiperez-Vallente，2019）。在 VET 背景下，慕课的潜能包括有机会向寻求技能提升的工作者提供课程。然而，VET 机构极少采用慕课（Murphy et al.，2014）。

（二）面对面接触不可行时的数字赋能型学习

数字赋能型学习是当代对远程（distance/remote）学习的称呼。虽然远程学习历史悠久，但数字技术的到来使这种学习架构更加可及。传统意义上，远程学习指的是在师生之间无物理接触的情况下同步或异步完成的全部学习。

1. 混合弹性学习

混合弹性（hyflex）的概念是十年前提出的，但 2020 年以来，因新冠疫情带来的挑战，这种学习架构经历了复兴。在混合弹性教学模式下，学生接触到的课程要么是面对面的，要么是远程的，或者二者兼有（Milman et al.，2020）。顾名思义，混合弹性学习结合了"混合"（hybrid，混合式的另一种说法）与"弹性"（flexible，又称远程）学习，旨在满足学生因个人或工作繁忙而在面对面教学与数字赋能型学习之间切换的需要。从全球来看，混合弹性模式是确保学校停课期间课程能够维持连续性的建议方案之一。因此，一些课程提供混合弹性的选择存在其优势，尤其是同一学期内以多重串流（multiple streams）形式提供的课程，能够满足部分学员的灵活性诉求。大多数课程可以一边采用面对面 / 混合式学习，一边支持远程学习。这样，面对面和远程课程使用的资源可以实现共享。面对面课程期间制作的录像可形成远程课程讨论环节的基础，反之亦然。课程之间的"异花授粉"过程需要精心策划与学习设计来确保学员获得相当的学习体验。重点在于确保每种授课模式下的课程结构、方法、评估与流程都是有效的。远程学习不应仅仅是面对面接触 / 混合式学习环境的渠道（即，通过学习管理系统），还应在构造上采用有效的学习设计，支持远程学员的需求。

(三)移动学习

20 世纪 90 年代移动电话诞生,使数字赋能型学习(即, e 学习)成为可能,提高了教育的可及性(Brown & Haupt, 2018)。因而,移动学习(mobile learning)或 m 学习(mlearning)的概念随之产生,用来描述充分利用移动电话和移动数据基础设施潜能而实现的"随时随地"学习。目前,支撑移动学习的理念和框架已然转变,转而反映当前技术与未来可能性。移动学习在当代的两大分支包括泛在学习(ubiquitous learning)与普适学习(pervasive learning)。泛在学习、普适学习和移动学习三个词如今几乎可互换使用,都是指使用便携式 / 移动硬件、通过 Wi-Fi 访问"云上"可用资源的学习(即,通过网页浏览器访问互联网上存储的文件)。不过,每种移动学习形式的定义各有其历史基础。虽然三个词语本身并不新鲜,但每个词依托的概念与作为其运用框架的教学法方面仍然处在初期阶段。其中,移动学习"最早"出现,属于数字赋能型学习的子类。"移动学习"一词是 20 世纪 90 年代移动和无绳(untethered,即无线)硬件与移动技术基础设施成为主流时被创造出来的概念。初始规范围绕移动电话与可及性。由于使用手机学习存在其局限性(即,屏幕小、键盘简陋等),移动学习或 m 学习的说法如今并不常见。相比之下,"泛在学习"一词被用来描述移动和嵌入式计算机与无线网络支持的日常学习环境(Ogata et al., 2009)。

泛在学习的赋能因素不仅有手机,还有其他便携式硬件,包括平板电脑和笔记本电脑等。从智能手表到健身手环、GPS 装置以及通过物联网(IoT)嵌入各种工具、仪器和消费电子设备的数字硬件,各种便携式设备也可支持泛在学习(Hwang et al., 2008)。泛在学习也借助了情境感知计算(context-aware computing)提供的可供性。情境感知计算指,计算环境能够识别设备所在情境、基础设施或用户的物理状态。泛在学习的赋能因素不仅包括硬件,而且包括软件、应用程序、网络带宽、Wi-Fi 带宽和协议以及电池信息(Gajjar, 2017)。

普适学习是弹性 / 移动学习渠道的另一种说法。庞蒂弗拉克特

（Pontefract，2013）对普适学习的定义是，在需要且必要时（即，按照需要的速度）通过各种正式、非正式及社会学习的可供性与模态来实现学习的形式。泛在学习与普适学习的区别在于，普适学习使用各种设备收集的数据或学习分析来帮助学员和学习引导师，它还会影响学习进度。因此，可以借助泛在设备收集的生物特征识别或用学习分析数据来协助社会物质学习的某些方面，这种做法是颇有潜力的（关于焊接模拟器的例子，参见 Chan et al.，2019a）。所以，普适学习在于应用由 AI 代理监测和响应的情境感知、学习分析与用户回应。这些技术让学员能够在学习过程中调整自己的学习水平（即，支持个性化、自适应或"差异化"学习）。

1. 移动学习与实践本位学习

当手机的可供性得到最大化利用时，旨在增强实践本位学习的移动学习举措是最为成功的。学员参与的辅助性因素包括：Twitter 和 WhatsApp 等聊天 APP 上的文字信息与短信、YouTube 和 TikTok 的短视频以及 Facebook 和 Instagram 等社交平台传播的消息等。这些消息传递形式颇为实用，可作为学习活动的热身，不论这些学习活动是通过传统的学习管理系统（LMS）（即，推送）或其他 TEL 形式参与的，还是通过讨论和支持课程或学习活动的同侪交流形式参与的（即，有助于"连通学习"）。手机的一大资本在于其自带相机实时捕捉学习实例的能力。这些技术有助于数字赋能型学习方法的"提取"环节。至于更复杂的工作，特别是学术性质的，则需要学员能够使用有线技术（即，台式个人电脑）或平板电脑 / 笔记本电脑。因此，虽然手机可以作为某一专业的首要学习硬件，但由于屏幕和键盘大小等约束因素，其实更实用的做法是将移动学习作为下文所述的辅助手段或移动混合学习手段，而不是完全取代其他学习方法。

（四）非技术与"移动混合"VET 远程学习

鉴于第 4 章中有关数字就绪 / 素养和数字公平的论述，"非技术"

远程学习方法（或师生之间无面对面互动的学习）值得考虑。远程学习有着悠久的传统，采用时间早于模拟技术（analogue，即广播电视播送）和数字技术。过去，远程学习是通过邮政系统（即，普通邮件）实现的，学习资源来源于分发的教材、作业单、作业本等。而与教师的接触是通过书信或有线电话（20 世纪时）进行的。然而，如今这种异步性成了非数字赋能型学习的一大优势。当通信取决于邮政系统时，及时反馈的"即时"性质难以为继，但非技术 VET 学习仍然有其位置，而利用移动技术支持这些学习方法是一个务实的妥协——我们称之为移动混合学习（mblend learning）。

1. 移动混合的可能性

在无法借助数字工具时，当代远程学习仍然是可行的。不过，学员自主提问得到回应的时间会延长，而且取决于邮政系统的可靠度。折中方案是有可行的：将手机作为师生通信的支点。这种架构可被称为移动混合式学习（mobile blended learning）（Han et al.，2017），也称为"移动混合"（mblend）。在移动混合学习架构中，需要利用手机通信和邮政系统提供的非技术资源。在韩等人（Han et al.，2017）提及的例子中，通信方式是中国常用的聊天 APP 微信。由于许多学员都拥有手机（Pew，2019），移动混合学习是可行的选项，特别是当数字公平挑战意味着许多学员没有或无法使用笔记本电脑或台式计算机时。即使在 Wi-Fi 不可用的情况下，手机也能作为依靠移动数据运行的主要通信工具。利用手机辅助学习的例子不胜枚举（例子参见 Chan，2011）。即使手机不用于访问学习资源（即，向学员推送学习），手机自带的相机也可用来收集学习证据（即，从学员处提取学习证据）。这样，在无法接触实践本位学习环境的情况下，学员也能在家或在允许营业的工作场所（即，必要服务场所）进行某些形式的实践。然后，这些学习证据可存储在"云服务"平台上，比如谷歌相册（Google Photos）或 YouTube/Flipgrid 的视频服务等。教师能够查看这些学习证据，向学员提供反馈，从而使学习连接成为可能，让某些实践本位学习活动得以继续——尽管缺失了接触实践本位学习环境的渠道。

四、面对面学习不可行时数字赋能型教学的学习设计

本节将介绍和论述与实践本位远程学习相关的教学 / 课程体系设计原则。更详尽的 TEL 开发设计框架论述见第 3 章。为确保达成学习目标并最大化地利用学习支持因素，需要成熟、协作性的学习设计（Brown et al.，2020；Nichols，2020）。

与其期待下一款"杀手锏 APP"或下一项技术创新带来教育大转型，我们不如通过与从业人员开展协同研发来培育渐进性变革，从而更好地推动教育转型（Reich，2020）。许多工具和 APP 均可用来创建、编辑、分享和存档教学资源。教师可以将这些资源"推送"给学员，从学员处"提取"学习证据，以及赋能对话式 / 社会文化 / 共建式学习，从而帮助学员"领会"与整合自己的学习经验（即，"连通学习"）。关键在于利用学习设计来确保学习活动切实帮助学员达到学习目标。另一个要点在于，审慎对待课程中使用的各种活动和 APP。具体工具和 APP 包括：视频、播客、多媒体演示报告平台、互动式小测验、社交网站、网站创建、图像处理工具（照片、绘图、3D、概念地图）和电子档案平台等。每种工具或 APP 均可赋能和提升特定的学习目标。下文几节将论述如何运用各种 APP 和工具来支持实践本位教学法的规范。

（一）数字赋能型学习的学习活动

本节将推荐和批判若干与实践本位远程学习有关的工具和 APP。同时，还将论述非数字方案，因为并非所有实践本位学习都需要采用数字化方式，甚至远程学习也不必如此。为实现流利度，实践本位学习可加入肢体练习，以帮助学员建立离散工作任务的肌肉记忆，还可将复制当代相关职场实践的纸本"仿真"和项目纳入其中（例子参见第 5 章）。此举的重要目标在于确保学习活动的真实性与相关性。表 6.1 将总结与实践本位学习相关的 APP（以免费为主）实例。具体的 APP 类别在鲍

尔和托林顿（Bower & Torrington，2020）提出的免费网络化学习技术分类的基础上加以改良。表中列出的 APP 和软件平台还来源于笔者所在学院使用的一系列 APP/平台以及哈特（Hart，2020）等人的精选列表。哈特（Hart）的列表将不同"工具"归入最适宜个人学习、最适宜职场学习或最适宜教育领域等类别。下文几节将分别介绍每个实践本位教学法，进而说明如何将各种 APP 应用于每种教学方法。

1. 通过参与"教学意义丰富或显著"的活动"边做边学"

当难以接触真实性实践时，当机构纷纷停课或其他情况阻碍学员面对面上课时，或者当数字赋能型学习（即，远程学习）是学员的首选时，各种替代方案可以派上用场。视频使用的相关内容详见第 3 章，延伸内容详见第 4 章。视频不仅有助于向学员"推送"学习资源，还有助于从学员处"提取"学习证据。不过，其他手段也可复制或模拟实践本位学习，部分手段详见第 5 章关于"仿真"的内容。其他分享类实践的多模态手段包含了使用图像。具体手段可能包括，教师或学生生成、编辑和分享照片、图纸、截屏、图表、3D 模型、平面图、音频文件等（即，在声音具有重要意义的工作中，如汽车工程或焊接等，不同流程产生的各种声音）。使用在线速写板、数字看板（pinboard）和／或演示报告软件等可以整理、分享和讨论这些资源。

2. 借助讲故事及其他"讲述"形式模拟实践

叙述经验并以故事增强学习效果是古老的人类动机，而以数字化方式讲述故事对这一动机也大有裨益（Mishler，1996；Sterelny，2012）。通过讲故事，人类清楚地表述各种做法、文化和礼仪。在解释复杂实践时，讲故事的人会融入自己的理解，深化专业水平。在教育领域，利用讲故事可以帮助学员进行反思和批判性思考，从而使其领会新知（McDrury & Alterio，2003）。数字化工具提供了多模态的故事表述方式。因此，除了书面故事，有关故事的听觉和多媒体表述也是可行的。与上节所述的视频应用一样，各种平台也可向学员"推送"故事，帮助他们通过各种"准则"（Farrar & Trorey，2008）或"行业诀窍"（Billett，1997）接触实践中许多微妙与复杂的面向。然后，学员可以利用数字图书创建平台、漫画创作工具、信息图表或演示报告软件等工具创作自己的故事。

3. 让学习和思维可见

"让学习和思维可见"的帮助是实践本位学习的一个重要特点，由于专业从业人员知行合一以及接触隐性知识本身面临的挑战，所以实践的许多方面是"隐藏的"（Chan，2020）。借助本节介绍的其他三个实践本位教学法，我们可以让学员更多地接触实践的方方面面。然而，在帮助教师表述（即，推送）和帮助学员想象（即，提取）难懂的概念和流程方面，数字技术特别有用。

启发法和半加工样例尤其有用，因为二者能够解构晦涩难懂的理念与想法，将之分解为更小、更可管控的部分。可将启发法视为解开和解决或理解相关概念或问题的算法。学员想出各种方式来整理概念和做出判断。概念地图是一种展示相互关联之概念的方式。思维导图、文字云以及时间轴创建工具可以帮助教师提出议题或概述流程，帮助学员总结、分享和讲述自己的学习。

半加工样例是另一种数字化教学方法。同样地，借助以视频、信息图表、漫画、时间轴、流程图等为主的资源，可以录制分步流程并与学员分享。然后，在嵌入式链接或教师/同侪反馈的支持下，可以处理"推送"的半完成学习"对象"，然后上传成果，以供分享和进一步讨论完成"对象"所使用的技巧和方法。

4. 引导式学习

第2章已介绍过各种引导式学习形式的规范。实践本位教学法的这个方面获得数字技术的良好支持。社会文化学习方法（Borge et al.，2020）非常契合社交网络带来的机遇。学员与教师之间的交流可能使用文本、视频（如第3章所述的视频评注）、音频或以上三者全部（借助网络会议平台）实现的同步或异步通信。卡伦和约翰斯顿（Callan & Johnston，2020）简要概括了 VET 教学领域社交媒体采用的相关新近研究成果。社交媒体的多媒体 / 多模态演示报告潜能，对数字赋能型学习的“推送—连通学习—提取”框架而言是非常适宜的。一如既往，关键之处仍在于使学习目标匹配社交媒体的可供性。

表 6.1　与实践本位教学法匹配的 APP 和工具实例

类别	功能	APP 或工具示例	最相关的教学法 *
“推送”资源和“提取”学习证据			
基于图像	分享	Instagram, Google Photos, BeFunky——图像创建与编辑	prl, ml, mlv
	绘图	Sketchpad	ml, mlv
	在线速写板	谷歌在线绘图 / 素描	ml, mlv
	图表制作	Microsoft Word, PowerPoint, Visio, Google Drawings	ml, mlv
音频	分享	SoundCloud	prl, ml, mlv
	创建和编辑	Audacity	ml, mlv
视频	分享 / 串流	YouTube, Vimeo, Flipgrid	prl, ml, mlv
	创建和编辑	YouTube, Vimeo	ml, mlv
	评注	Coach's Eye	gl
	屏幕录制	Screencast-O-Matic	prl, ml, mlv
文本	做笔记和创建文档	EverNote, Google Keep, Google Docs/Microsoft Word, OneNote Class Notebook	prl, ml, mlv
多模态制作	数字看板	Padlet	prl, ml, mlv
	演示报告	Prezi, Microsoft PowerPoint, Google Slides	mlv
数字化讲述故事	数字图书创建	StoryJumper，TikTok，微软 Sway	prl, ml, mlv
	漫画创作	StoryboardThat	prl, ml, mlv
	信息图表	Google Charts	prl, ml, mlv

续表

类别	功能	APP 或工具示例	最相关的教学法 *
网站创建	创建	Wix	prl, ml, mlv
	维基	PBworks	prl, ml, mlv
	博客	Blogger, Wordpress	prl, ml, mlv
3D 建模	资料库	GrabCAD	ml
	创建	Shapeshifter	ml
"连通学习"			
知识组织与分享	浏览器	Google Chrome, Google Scholar	prl, ml, mlv
	地图	Google Maps, Google Exhibitions	prl, ml, mlv
	思维导图	Bubbl.us, Mindomo, MindMeister	prl, ml, mlv
	时间轴创建	Timetoast	ml, mlv
	文字云	Wordle	ml, mlv
数据分析	调研	SurveyMonkey, Google Forms	ml
	分析	Google Sheets, Microsoft Excel	ml, mlv
社交网络	同步	Twitter, Slack, WhatsApp	gl
	异步	论坛，电子邮箱（Gmail, Microsoft Outlook），Yammer	gl
	社交	Facebook, Pinterest	ml, gl, mlv
网络会议	Zoom, Microsoft Teams, Skype, Google Meet, Mentimeter		ml, gl, mlv
评估			
小测验（形成性）	个人 / 小组	Socrative, Kahoot!, Quizlet, Poll Everywhere	mlv
	同侪生成	PeerWise	mlv
电子档案（总结性）	剪贴簿	Blogging/Presentation	prl, mlv
	电子档案	Mahara, PebblePad	prl, mlv
	网络档案	Mahara, PebblePad	prl, mlv

*符号说明　prl= 教学意义丰富 / 显著的学习；gl= 引导式学习；ml= 模拟学习；mlv= 让学习或思维可见。

五、远程学习评估

技术辅助考核通常被称为"数字评估"（eAssessments）。学习评估的作用要么是提供持续的学习反馈（即，形成性评估），要么是认证学员的学习成就（即，总结性评估）。斯托厄尔和拉姆谢德（Stowell & Lamshed，2011）提供了数字评估的一个贴切定义："使用信息技术设计、提供与管理评估活动，包括汇报、存储和转移评估数据"（p.3）。总的来说，学校和高等教育部门数字考核的重心一直放在总结性评估。因而，数字评估相关文献也一直侧重于各种后勤保障、身份认证和安全挑战方面。在学习过程中运用形成性数字评估（即，为了反馈/形成性评估目的）可以消除总结性数字评估环节带来的部分复杂挑战。学习的数字评估让学员能够收集学习进展证据。形成性数字评估的一个优势在于，在工作场所或模拟工学结合空间的实境学习过程中及时向学员提供反馈。故而，学中数字评估有益于通过实践本位学习习得的学问。具体包括学员有机会识别、记录、梳理和反思以下方面：自己通过参与"教学意义丰富/显著"的学习活动产生的体验；他们接受的且照此执行的榜样与指导；以及增强"让思维可见"环节。

（一）学中数字评估

形成性评估或学中评估旨在向学员提供反馈。因而，学后评估（即，总结性评估）会对学员给定学习阶段的成绩表现做出裁定，学中评估（即，形成性评估）则围绕向学员提供反馈的活动，反映学员的学习进度（Sadler，2010）。陈等人（Chan et al.，2019b）研究了有助于学员接触实践之"多元素养"的各种方法、架构与技术。在该研究中，支持形成性反馈的具体方法包括：问题本位学习、"动手"学习、应用虚拟焊接模拟器提供的学习分析来学习复杂技能等。采用的学习架构是混合式学习和/或技术增强型学习（TEL）。同时，使用各种硬件（个人电脑、手机、平板电脑）来助力向学员"推送"资源、从学员处"提取"学习证据。形成性反馈（即，"连通学习"环节）是帮助学员的一大关键。形成性反馈来源于教师、同侪以及学习分析工具等。因此，数字赋能型反馈构成学中数字评估的一环。

1. 电子档案的作用

有人认为，电子档案（ePortfolio）评估与多元素养教学法相容（Kalantzis et al.，2003）。因而，评估档案非常适合用来证明实践本位学习特有的多模态性。洛夫等人（Love et al.，2004）为电子档案界定了五个"成熟度级别"。电子档案多种多样，包括"剪贴簿"（即，级别 1）、带有个人履历格式的文档（即，级别 2）、证明真实性复杂学习的网络档案（级别 4 和级别 5）等。电子档案"成熟"的关键在于，学习证据收集和编制过程中涉及学员主人翁意识、责任感和批判性反思成分。收集初始学习证据并且将其归入一些专门的标题下，即可形成初步的电子档案，而网络档案则反映学员对自己的学习历程更深层的认识，会有更多批判性思维证据和学习表述能力。

电子档案当前的一个潜能是手机和平板电脑的普遍可用性。此外，Wi-Fi 和云存储增大了数字评估变得同步 / 即时且多模态的潜在可能性（Chan，2011）。学员能够在学习活动发生时收集相关的多媒体证据（即，制作学习成果），叠加反思性画外音以及创作"数字故事"（Alterio & Woodhouse，2011）。因此，电子档案创建的"提取"层面得以简化，有助于分享学习证据（即，"连通学习"），提供形成性反馈以及未来重新整理档案展示终身学习历程。

（二）学后数字评估

本节比较简短，因为前面几章和上文几节论述的总体方向已证明了学中评估的优先地位。总体来说，作业或报告、数字故事等部分的证据类型，它们由形成性评估生成，并有待整理归入档案。然后，这些档案构成证实学员学习成就的总结性评估（即，学后评估）。这个档案创建过程为学员学习成就提供真实、最新且有效的证据，特别是在有相关数字技术支持的情况下。

若行业管理委员会或立法有规定，则用总结性评估可以申请结业。例如，在新西兰，要求"最终"或"注册"考试的实践本位学科包括护理、管道、煤气装置工程和电气等行业。有软件包可以部署"远程"监考。不过，这些软件包并不是"傻瓜型"的设计，需要仔细评估和选择（Hussein et al.，2020）。

六、结语

本章介绍了有关理念和理论在 TEL 或数字赋能型实践本位学习的实际设计与开发中的重要应用。另外，还介绍和论述了课程提供的各种构建方式。下面第 7 章将论述数字赋能型学习方面一些颇有潜力但更加复杂的技术。

参考文献

Al-Samarraie, H., Shamsuddin, A., & Alzahrani, A. I. (2020). A flipped classroom model in higher education: A review of the evidence across disciplines. *Educational Technology Research and Development, 68,* 1017–1051.

Alterio, M., & Woodhouse, A. (2011). *Creating digital stories to enhance vocational learning.* Ako Aotearoa Southern Regional Hub Project Fund. Wellington, New Zealand; Ako Aotearoa. http:// akoaotearoa.ac.nz/digital-stories.

ANTA. (2003). *Flexible learning business planning framework.* https:// web.archive.org/web/200 50617051947/http://flexiblelearning.net.au/ busmodels/flbpf.pdf.

Billett, S. (1997). Dispositions, vocational knowledge and development: Sources and consequences. *New Zealand Journal of Vocational Education*

Research, 5(1), 1–26.

Billett, S. (2014). *Mimetic learning at work*. Springer.

Borge, M., Ong, Y. S., & Goggins, S. (2020). A sociocultural approach to using social networking sites as learning tools. *Educational Technology Research and Development, 68,* 1089–1120.

Bower, M., & Torrington, J. (2020). *Typology of free web-based learning technologies*. https://library.educause.edu/resources/2020/4/typology-of-free-web-based-learning-technologies.

Brown, C., & Haupt, G. (2018). Using personal mobile devices to increase flexibility and equity in learning in resource constrained contexts. *Journal of Open, Flexible, and Distance Learning, 22*(2), 18–31.

Brown, M., McCormack, M., Reeves, J., Christopher Brooks, D., Grajek, S., with Alexander, B., Bali, M., Bulger, S., Dark, S., Engelbert, N., Gannon, K., Gauthier, A., Gibson, D., Gibson, R., Lundin, B., Veletsianos, G., & Weber, N. (2020). *2020 EDUCAUSE Horizon report, teaching and learning edition*. EDUCAUSE. https://library.educause.edu//media/files/library/2020/3/202 0horizonreport.pdf?la=en&hash=DE6D8A3EA38054FDEB33C8E28A5588EBB913270C.

Callan, V. J., & Johnston. M. A. (2020). Influences upon social media adoption and changes to training delivery in vocational education institutions. *Journal of Vocational Educa- tion and Training*. https://www.tandfonline.com/doi/abs/10.1080/13636820.2020.1821754?journalCode=rjve20.

Chan, S. (2011). Becoming a baker: Using mobile phones to compile eportfolios. In N. Pachler, C. Pimmer, & J. Seipold (Eds.), *Work-based mobile learning: Concepts and cases; A handbook for academics and practitioners* (pp. 91–115). Peter Lang.

Chan, S. (2020). Learning the tacit dimensions of craft and industrial trades work through apprenticeship. In R. Hermkes, T. Bonoswski, & G. H.

Neuweg (Eds.), *Tacit knowledge*. Bertelsmann.

Chan, S., with Baglow, L. & Lovegrove, C. (2019a). Supporting the learning of the sociomaterial: Novices' perspectives on virtual reality welding simulators. In T. Deisinger, U. Hauschildt, P. Gonon, & S. Fischer (Eds.), *Contemporary apprenticeship reforms and reconfigurations*. Proceedings of the 8th conference of the International Network for Innovative Apprenticeships.

Chan, S., Baglow, L., Chapman, S., Gropp, J., Hamilton, K., Lyster, A., Pati, K., Power, K., Lovegrove, C., Stokes, C., & Warburton, A., (2019b). *Multiliteracies-based e-assessments: Developing guidelines for effective e-assessments for learning*. Ako Aotearoa National Project. https://ako.ac.nz/knowledge-centre/e-assessment-for-vocational-learners/.

Cox, D., & Prestridge, S. (2020). Understanding fully online teaching in vocational education. *Research and Practice in Technology Enhanced Learning, 15*(16). https://doi.org/10.1186/s41 039-020-00138-4.

DeLozier, S. J., & Rhodes, M. G. (2017). Flipped classrooms: A review of key ideas and recommendations for practice. *Educational Psychology Review, 29*(1), 141–151.

Farrar, N., & Trorey, G. (2008). Maxims, tacit knowledge and learning: Developing expertise in dry stone walling. *Journal of Vocational Education and Training, 60*(1), 35–48.

Fulton, K. (2012, June/July). Upside down and inside out: Flip your classroom to improve student learning. *Learning and Leading with Technology*, 13–17.

Gajjar, M. J. (2017). *Mobile sensors and context aware computing*. Morgan Kaufmann Publishers.

Han, Y., Tian, L., & Cheng, W. (2017). Design and implementation of mobile blended learning model based on Wechat public platform. In *MATEC Web of Conferences*.

Hart, J. (2020). *Top tools for learning 2020.* https://www.toptools4learning. com/.

Hussein, M. J., Yusuf, J., Deb, A. S., Fong, L., & Naidu, S. (2020). An evaluation of online proctoring tools. *Open Praxis, 12*(4), 509–525.

Hwang, G.-J., Tsai, C.-C., & Yang, S. J. H. (2008). Criteria, strategies, and research issues of context-aware ubiquitous learning. *Educational Technology and Society, 11*(2), 81–91.

Kalantzis, M., Cope, B., & Harvey, A. (2003). Assessing multiliteracies and the new basics. *Assessment in Education, 10*(1), 15–26.

Love, D., McKean, G., & Gathercool, P. (2004). Portfolios to webfolios and beyond: Levels of maturation. *Educause Quarterly, 27*(2), 24–37.

McDrury, J., & Alterio, M. G. (2003). *Learning through storytelling in higher education using reflection and experience to improve learning.* Kogan Page.

Milman, N., Irvine, V., Kelley, K., Miller, J., & Saichaie K. (2020). 7 things you should know about the hyflex course model. *Educause Learning Initiative.* https://library.educause.edu/resources/ 2020/7/7-things-you-should-know-about-the-hyflex-course-model.

Mishler, E. G. (1996). *Storylines: Craft artists' narratives of identity.* Harvard University Press.

Murphy, J., Williams, A., & Lennox, A. (2014). MOOCs in vocational education and training and higher education. In *22nd National Vocational Education and Training Research Conference "No Frills": Refereed Papers* (pp. 76–82). Adelaide: NCVER.

Nichols, M. (2020). *Transforming universities with digital distance education: The future of formal learning.* Routledge.

Ogata, H., Matsuka, Y., El-Bishouty, M. M., & Yano, Y. (2009). LORAMS: Linking physical objects and videos for capturing and sharing learning experiences towards ubiquitous learning. *International Journal of Mobile*

Learning and Organisation, 3(4), 337–350.

Pew Research Center. (2019). *Mobile fact sheet.* https://www.pewinternet. org/fact-sheet/mobile/.

Pontefract, D. (2013). *Flat army: Creating a connected and engaged organisation.* Wiley.

Reich, J. (2020). *Failure to disrupt: Why technology alone can't transform education.* Harvard University Press.

Reich, J., & Ruiperez-Vallente, J. A. (2019). The MOOC pivot: What happened to disruptive transformation of education? *Science Magazine, 363*(6423), 130–131.

Sadler, R. (2010). Beyond feedback: Developing student capability in complex appraisal. *Assessment and Evaluation in Higher Education, 35*(5), 535–550.

Siemens, G. (2005). Connectivism: A learning theory of the digital age. *International Journal of Instructional Technology and Distance Learning, 2*(1). http://www.itdl.org/Journal/Jan_05/articl e01.htm.

Sterelny, K. (2012). *The evolved apprentice: How evolution made humans unique.* MIT Press.

Stowell, R., & Lamshed, R. (2011). *E-assessment guidelines and case studies.* Australian Flexible learning Network. Canberra, ACT: Department of Education, Employment and Workplace Relations, Australian Government.

第 7 章　VET 4.0 中的 TEL 实现与未来可能性

摘　要　作为最后一章，本章将在前面几章论述的各种理念和策略的基础上提出一种支持实践本位"边做边学"专业的模式。对于适用于 VET 4.0 的 TEL，我们将就其计划、开发、实施与评审提出相关建议。由于数字赋能型学习大多需要数字设备、平台和 APP 接入和使用能力，这些建议包括为数字素养 / 数字流利度、数字公平以及学习资源创建或存档等方面做足准备，未雨绸缪。另外，本章还将介绍和探讨支持 VET 与实践本位学习环境的仿真和情境学习的未来可能性，包括赋能增强现实 / 虚拟现实技术。

关键词　数字素养；仿真；增强现实 / 虚拟现实 / 混合现实 / 扩展现实

一、引言

本章将详述提供数字赋能型学习、弹性学习（关于弹性学习的定义及相关论述，参见第 6 章）和以学员 / 学习为中心的实践本位学习的一种学习模式。本章将以一组建议的形式对贯彻执行数字赋能型学习的重要方面进行介绍。这些建议借鉴本书前几章的众多论述内容，旨在确保为数字赋能型学习配备所需的计划、开发、实施与评审周期，以保障其可持续的供给。

在论述完上述建议后，本章将谈及需要资源配置的若干未来可能性，以助力完善 VET 学员的技术增强型学习（TEL）。这些可能性包括仿真、游戏化和增强现实/虚拟现实/混合现实（AR/VR/MR）带来的潜力与挑战。这些动态需要精准的发展资源。成本分析非常重要，因为仿真、游戏化和 AR/MR/MR 资源的开发支出可能会很大。由于人类能够辨识虚实之间不一致之处的倾向（Chan，2019；Fowler，2015），虚拟方案的开发离不开精心设计和执行。否则，VR/MR/XR 之间的不一致之处会让学员分心，无法将注意力集中在仿真的主要用途上。在前几章提出的方案中，有不少是可以完善的，只要添加仿真、游戏或基于 AR/MR 的活动即可。然而，在实践本位课程得到设计精良的 TEL 中，虚拟方案并不重要。TEL 的重要目标在于确保学员参与共建自己的技能造诣、知识运用和习性成就。最后，本章结尾将汇总全书提出和概述的关键主题、框架/模式以及建议。

二、学习模式概述

本节将详述支持数字赋能型学习的一种拟议学习模式。该模式围绕第 6 章介绍的"推送—连通学习—提取"框架，加以延伸，将全书介绍和论述的许多 VET 和实践本位学习驱动因素纳入其中。其中，该模式适用于更具个性化的学习方法，在按照学习提供的时间、节奏和方式以及与学员目标的相关度来获取学习资源方面，提供了弹性空间（关于弹性学习的论述，参见第 6 章）。该模式旨在确保弹性实践本位学习的可持续性，助力迈向适用于未来职场的 VET 4.0 目标。从图 7.1 看，"推送—连通学习—提取"过程可能需要多次迭代，以便学员达到自己的学习目标。本质上，该模式设想出一种适用于个人学员的个性化学习环境形式（关于个性化学习环境的定义与论述以及下文话题的延伸，参见第 5 章）。

（一）融入弹性学习的理据

如第 4 章所述，随着技术冲击许多职业，工作的未来会需要学员接下来精通新的工作开展方式。全球性经济、社会、政治和技术变革持续影响着工作构造方式，在此背景下，毕业生完成高等教育，然后再进入劳动力队伍的"前端负载"（front-end loading）教育模式如今不再有现实意义。虽然许多人的职业和岗位可能会保留现有头衔和名称，但随着人工智能（AI）、机器人和信息及通信技术冲击就业市场，工作性质会发生变化。因而，积极响应学员需要的"弹性学习"是一个关键的教育方向，有助于学员在继续参加工作的过程中扩充或更新技能与知识。

1. 个性化学习环境

如第 6 章所言，弹性学习有多个定义，涵盖若干维度。本节将弹性学习视为一种受支持的学员共建式学习。学员共建自己的课程体系，或许最终能够修完某项资格、资格要素或微证书。微证书（micro-credential）是一个相对较新的概念，近年来才被纳入新西兰资格框架（关于新西兰 VET 背景下微证书采用的进展，参见 Kilsby & Fountain, 2019）。

视学员往一门课程带入的不同技能、知识与特质 / 习性，学习提供的"推送—连通学习—提取"方面也会各有差异。以先前学习或当前能力认证（RPL/RCC）系统为中心的程序，能够发挥重要作用，帮助学员整理和评价自己带入专业中的学习证据（VET 领域先前学习认可的详情，参见 Andersson, 2014）。另外，对学习设计有贡献的还有自适应学习与学习分析，二者有助于学员及其教师明智地判断学习进展。图7.1 中的模式包含了旨在帮助学员达到学习目标的迭代周期。

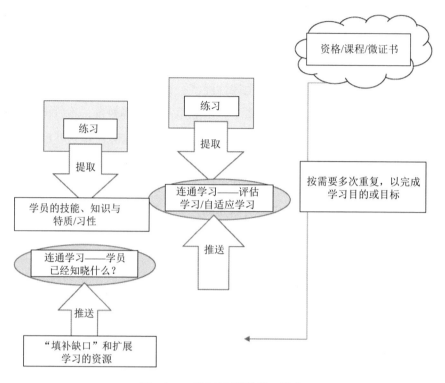

图 7.1　一种 VET 弹性学习模式

三、建议

本节将提出相关建议，确保各教育机构面向未来做好准备，更好地应对面向数字赋能型实践本位学习的骤然转变。即便取代传统面对面车间 / 工作间 / 工作室学习环境的倒逼变革没有发生，下文的建议也将有助于 VET 教学向更灵活、更个性化的模式转型，从而更好地满足多元化的学员需要。甚至在当下，也有必要向许多无法以全日制学员身份接触学习的人们提供学习渠道。非全日制学习一直是寻求"第二次机会"的学员（即，寻求升级技能与知识水平的工作者）、需要再培训者和取得资格者的学习渠道之一。因而，下文的建议有助于加强这些 TEL 倡议与数字赋能型学习。

（一）准备与就绪

疫情期间的经历——在学生无法面对面接触的情况下需要向数字辅助型学习迅速转变——突显了有备无患的重要性。就绪（preparedness）包含了保障制度体系、教学能力、学员准备度以及学习设计干预。下文将分别论述这些要求。

1. 制度体系

当把数字赋能型学习视为连通和辅助学习的主要方式时，必须确保支持数字化学习的制度体系是可及、易于使用且卓有成效的。如第 4 章中更全面的论述，需要先解决数字素养 / 数字流利度与公平问题，学生才有望进行数字赋能型学习。

建立就绪状态的另一个重要制度导向要素是，确保制定清晰的沟通预案，以便与学员、教师和管理人员接触。要务之一是识别与各目标群体沟通的要素，以及确保存在一个清晰、简洁、准确的消息传递机制。同时，为了清晰地向学员、教师和管理人员传递消息，还必须确立沟通模式。另外，需要决定所需的通信平台、设备与规程等。

2. 学员准备

学员准备的一个关键方面是，在所有专业中，给学员机会使其成为具备数字素养 / 流利度的人，在面对面上课的同时，能够使用数字赋能型学习所需的硬件与软件。若有关专业采用"混合式"/TEL 教学方法，这些引入各种数字工具 / 平台或 APP 的环节或许已然发生。然而，许多围绕"实训车间"或实验室的实践本位专业通常或许并没有将 TEL 纳入其中。因此，尤其重要的一点在于，在发生倒逼转型之前，确保向学员介绍数字赋能型学习需求。

另一个考虑因素是与学员一起计划和开展学习对话，讨论数字赋能型学习预期与学员责任方面的差异。为学员提供点对点通信（peer-to-peer communication）渠道也很重要。这个渠道最好在学员参与面对面课程时即开启。不少专业利用社交媒体网站来鼓励规定学习时间以外的非正规参与。重要的是帮助学员选择支持学习的适当社交平台，为学员提供在面对面或数字赋能型学习课程中帮助彼此的管道，以及为学员提供分享经验和互帮互助的虚拟空间。

3. 教师准备

反过来，教师也必须在各种数字赋能型学习工具的使用上达到数字流利，然后再进入数字赋能型学习。在设计混合式学习和 / 或 TEL 集成的过程中，教师需要选择这些数字工具，以接轨课程学习目标与成果。标准的学习管理系统（LMS）体现了数字流利度，其中涵盖了 LMS 在数字评估上的用途，除此以外，与实践本位学习最为相关的平台是视频会议平台、视频创建编辑和存档平台以及用来与学员维持联系的通信工具。

如第 3 章所述，TPACK（整合技术的学科教学知识）框架（Mishra et al.，2011）可应用于解开数字赋能型学习专业发展面临的复杂因素与挑战。重点在于，教师能够将自己对学科教学法的认识与数字技术的可供性结合起来，提供吸引且赋能学员的学习活动。

（二）学习设计

学习或教学设计团队必须确立学习设计原则，以便课程迅速转换至替代的授课方式。如前文所述，原本设有 TEL 活动的课程或许更容易转向完全的数字赋能型学习。不过，评价当前资源、学习架构与学习目标仍然是一项重要工作，可以确保通过数字赋能型学习落实的课程体系能切实支持卓有成效的学习。

学习设计的方方面面有助于确保有效的数字赋能型学习。如第 5 章所言，向整体性学习转变，包括开发和实施有探究式或问题本位学习成分的项目本位学习，有助于学员习得职业实践所需的更广泛的技能、知识与特质 / 习性。除了采用建立在社会建构主义基础上的学习理论方法，还需要确保微观的学习设计要素，强化实践本位学习。

如第 3 章所总结的，有若干学习设计方式可以助于实现教学目标。随着业内当前对"教学设计"作为一大学习强化因素的关注与支持，（Brown et al.，2020；Nichols，2020），ADDIE（分析、设计、开发、实施、评价）框架等既定的学习流程设计如今因其行为主义倾向而受到批评。因此，对本书介绍的学习方法来说，重要的是需要更加贴合学习情境与学员需求。

此外，向数字赋能型学习转变，需要向学员提供更明确的指示。重点在于确立引导学员的常规惯例与学习架构。建议设定每周目标或活动（即，向学员"推送"哪些资源和从学员处"提取"哪些学习证据），帮助学员在数字赋能型学习环境中充分参与学习和一致地完成学习目标。另一个重要方面是保持同步会话（即，课程的"连通学习"环节）——通常利用简短且界定清晰的视频会议实现。在视频会议期间，包括小组作业在内的学习活动是可行的，而且这些活动有助于巩固课程学习文化、鼓励学员互动和帮助"连通学习"。社交互动的重要作用在于，它确保为社会建构主义原则赋能（Borge et al.，2020），因为社会文化互动（即，人际心理学习历程）具有核心作用，可向个人提供意义构建（即，内在心理学习历程）方面的鼓励与评价。对远程学员来说，最重要的是为学生创建可供讨论与互助使用的虚拟空间。

实践本位学习评估带来的挑战或许需要重新设计与开发学习活动。基于文本的数字评估一直是常态，但文本并不总能与实操技能评估、学以致用和习得重要职业习性相契合。根据第 5 章的建议，扩充了探究式或问题本位学习方法之后的项目本位学习，能更好地衔接实践本位学习目标。作为证明项目本位 / 探究式 / 问题本位学习的输出，学习产出的作业或报告包括多媒体形式，而且也可采用多媒体电子档案辅以书面信息的形式。

当各国因为疫情或自然灾害叫停全部经济活动时，也会危及工学结合项目。基于非数字复制的仿真（即，案例分析）或数字 / 虚拟平台都是颇有用处的替代品。重点在于确保真实性学习能够继续下去。此外，对学员的人文关怀（pastoral care）是数字赋能型学习的一个重要方面。

1. 数字资源

开放教育资源（open educational resources，OER）指经许可能够使用、修订或与他人分享的教学资料档案（D'Antoni，2009）。开放教育资源在各种数字图书馆中存档，向所有教育工作者开放。OER 原则是允许用户留存、再使用、修正、再合成和再分发教育资源。联合国教科文组织职业技术教育与培训国际中心（UNESCO-UNEVOC）提供了OER 平台与服务的概览和列表（UNESCO-UNEVOC et al.，2018）。附带 OER 链接的制度性学习资源档案提供一个庞大的"现成"资源库供所有人访问，消除了重新创建资源的必要性，也有助于迅速敏捷地向数字赋能型学习转型。

四、未来可能性

本节将介绍、论述和评估若干数字技术的潜能。可能性有很多。一项关于新兴学习环境的最新研究发现，下列数字技术蕴藏着许多可能性：社交媒体与慕课；移动技术、游戏化学习、游戏化、自适应学习技术；以及学习分析（Martin et al.，2020）。关于移动技术的论述，详见第 4 章和第 6 章。关于慕课与社交媒体集成，详见第 6 章。关于自适应学习技术和学习分析，详见下文几节以及第 5 章的介绍。本节着重论述的技术非常契合实践本位学习目标。这包括利用数字技术对配备了增强现实 / 虚拟现实 / 混合现实 / 扩展现实（AR/VR/MR/XR）的仿真与游戏进行扩展。在某种程度上，利用 AR/VR/MR/XR 是利用多媒体（如，视频、播客等）来支持实践本位学习的延伸。这样，可以利用多模态性以及人类在活动时一些丰富、微妙且复杂的方面，以供了解、审视和批判模仿学习。VR 与 XR 可让学员置身逼真的学习环境，复制真实性实践的许多景象与声音。这让人对 VR/XR/MR 寄予厚望，因为学员会发觉不一致之处——福勒（Fowler，2015）所说的"对象行为"。

逐步引入具有韧性的、更高带宽的电信基础设施（即，5G 通信系统），可促成 VR/XR/MR 技术的稳定安全激活。5G 指下一代移动电信技术，即第五代蜂窝技术。5G 可增加数量流量与速度，从而提高物联网（IoT）的渗透率。最常见的 IoT 应用实例是自动驾驶车辆。在教育领域，IoT 有助于确保安全、节能的学习环境，用来有效调度房间和专用设备 / 机械等，监测学生出勤与支持个性化学习，以及助力将 AR/VR/MR/XR 技术融入学习环境（Brown et al., 2020）。

（一）增强现实、虚拟现实、混合现实与扩展现实

增强现实（AR）指将虚拟对象叠加至正常环境中。在提供交互式学习活动方面，AR 是一种经济有效的方式。具体应用例子可见于医学教学领域（Moro et al., 2017）、工程维修与装配领域（Gavish et al., 2015）以及高等教育的各大学科（Delello et al., 2015；Hodgson et al., 2019）。总的来说，AR 应用程序可将一个对象叠加在原有景观、机械和工具等之上，添加一层信息或一层动画，帮助学员想象具体流程或理念的视觉效果。AR 应用程序可安装在智能手机或平板电脑上，用二维码（即，快速响应码或矩阵式条形码）可触发 AR 影像。与一切良好的学习活动一样，取得教育效果的关键在于学习活动前后进行的重要汇报与讨论。

要参与虚拟现实（VR）环境，则需要使用 VR 头戴式显示器（Jensen & Konradsen, 2018）。专门的 VR 头戴式显示器需要设置专用房间，标注出 VR 体验的参数。有种相对便宜的替代方案是使用智能手机，将其插入卡纸板支架，这样即可复制 VR 头戴式显示器（Lee et al., 2017）的效果。智能手机 APP 会显示视觉要素，让用户能够访问和使用三维 VR 环境。

而混合现实（MR）或扩展现实（XR）则是结合 AR 与 VR 打造出来的虚拟环境。XR 指融合物理与虚拟世界，打造一个沉浸式真实环境。MR 则融合虚实世界，让用户能够进入使用了可视化技术的新环境中——在这样的环境中，物理和数字对象共存，并且可被实时操纵。VET 领域焊接模拟器的使用即是一个例子（Lavrentieva et al., 2020）。

相比之下，XR 指通过可视化与可穿戴设备结合生成的人机交互。因而，XR 集 AR、VR 与 MR 三者于一体。

（二）AR/VR/XR/MR 与 VET

上文几节介绍了与支持实践本位学习相关的一些固有契合点与优势。然而，由于赋能这些技术所需的成本与专业知识，故运用时存在许多注意事项，尤其需注意 VR/XR/MR 技术的应用。凡是运用 VR/XR/MR 技术，皆离不开专门设备，包括头戴式显示器、高规格计算机和高带宽宽带等。因此，对于采用 VR 技术来支持实践本位学习，在做决策时需要认真考虑。应特别注意，VR 目前尚无法复制包含人类活动的全方位多模态（延伸论述参见 Aarkrog，2019）。不过，在应用 VR 加强实践本位学习方面，两个领域颇有前景。一是有助于学习的关键空间技能（Montello et al.，2014；Sorby，2009）——在许多实践本位职业中属于重要技能；二是发展和养成习性或态度特征。

对学员来说，空间技能学习通常是一大挑战（Sorby，2009）。尽管如此，设想身在三维环境的能力对许多职业意义重大，包括木工等行当 / 手工艺职业（Cuendet et al.，2014）。为支持空间技能学习，需要在多媒体专业学生（Molina-Carmona et al.，2018）和工程专业学生（Fogarty et al.，2017）中开展 VR 学习活动。研究发现，辅以 VR 体验的学习活动能够有效帮助学生更好地想象和落实空间思维所需的空间与理念。

当前资源配置允许将 AR 应用到实践本位学习，将其作为一种主要的务实方法。然而，VR 还有助于习性学习（Allcoat & von Mühlenen，2018）。VR 具有沉浸式特征，所以会让个人投入到虚拟环境中，引起敬畏心、同理心等情绪反应（Allcoat & von Mühlenen，2018）。拜伦森等人（Bailenson et al.，2018）提及利用 VR 实地考察来帮助学员深入认识气候变化的影响。在医学教学中，戴尔等人（Dyer et al.，2018）运用 VR 学习活动来帮助学员学习同理心的规范。当用来强化高难度习性特征的学习时，VR 可作为重要的教学工具（Frehlich，2020）。因此，

在特质 / 习性方面的实践本位学习中采用 VR 存在其优势，因为对学员来说，这些特质 / 习性通常难以言传、难以掌握。

（三）未来自适应学习与个性化学习环境展望

TEL 的其他重要贡献在于，算法上的进步为自适应学习赋能——有的算法如今有人工智能（AI）的支持。最新的《地平线报告》（Brown et al.，2020）指出，自适应学习是教育实践的一项重大资产。虽然高等教育部门广泛采用相关创新技术仅约十年的时间，但近些年来的创新不断深入渗透到各个教育部门。自适应学习补充了个性化学习，因为相关平台在学习活动推进过程中向学员提供精准反馈。在向师生提供学习成果方面的量化数据时，若自适应学习与学习分析技术一并运用的话，自适应学习将有益于个性化学习环境（PLEs）——在个性化学习环境中，教师和学生共建弹性学习路径（Kinshuk，2016），使图 7.1 总结的模式变得可执行。

五、关键主题概要

本书各章节介绍和详述了如何利用数字化工具支持实践本位学习。前三章确立了各种学习理论和框架，为实践本位数字赋能型学习的设计提供了背景信息。这些理论包括 VET 的统摄性理念，另一方面也包括对实践本位技能、知识与习性的学习，这些形式形成了职业认同。通过参与"动手"学习，通过模仿和模仿学习等"学会成为"环节，学员得以掌握职业实践的规范。然后，本书介绍和论述了辅助实践本位学习的各种教学方法，以及如何利用数字技术的可供性实现这些教学方法。

接下来的几章对于 TEL 的构建、开发和实施提出相关建议，使实践本位学习体验符合对"学习即成为"环节的认识。充分利用项目本位学习、探究式学习或问题本位学习提供的优势，不仅可以帮助学员领会自己所学的，还可助力学习重要技能、知识与特质 / 习性——而这些

"新知"正是应对当前挑战所需的，而挑战的出现是因为迅速转向了对数字技术（即，机器人、人工智能等）的更高程度的依赖。最后，本书提出了在弹性学习模式中融入的"推送—连通学习—提取"框架，以帮助更好地组织和部署数字赋能型实践本位学习。

六、结语

本书介绍和论述了"学习即成为"的理据与统摄性框架，以及在与教师面对面接触和实体学习环境受阻的情况下，使数字赋能型学习技术应用切实可行的想法。本章提出了相关建议，论述如何做足准备以应对未来与 2020 年疫情类似的自然或人为灾害。此外，本章还总结了更容易模拟实践本位学习的某些真实性学习环境所带来的未来可能性。

最后，2020 年暴发的疫情或许放大了部署数字赋能型学习的固有优势与劣势。重要的是，要汲取过往经验，确保这些经验最终指明战略方向，鼓励大小机构未雨绸缪、防患于未然。关于迈向有效数字赋能型学习，我们需要评价其教师视角与 VET 辅助要素。这么做可以保证未来能够更有效地促进学员参与，为他们提供可持续的实践本位学习机会。

参考文献

Aarkrog, V. (2019). 'The mannequin is more lifelike': The significance of fidelity for students' learning in simulation-based training in the social and healthcare programmes. *Nordic Journal of Vocational Education and Training, 9*(2), 1–18.

Allcoat, D., & von Mühlenen, A. (2018). Learning in virtual reality: Effects on performance, emotion and engagement. *Research in Learning Technology, 26,* 2140.

Andersson, P. (2014). RPL in further and vocational education and training.

In J. Harris, C. Wihak, & J. Van Kleef (Eds.), *Handbook of the recognition of prior learning: Research into practice.* National Institute of Adult Continuing Education (NIACE).

Bailenson, J. N., Markowitz, D. M., Pea, R. D., Perone, B. P., & Laha, R. (2018). Immersive virtual reality field trips facilitate learning about climate change. *Frontiers in Psychology, 9,* 2364.

Borge, M., Ong, Y. S., & Goggins, S. (2020). A sociocultural approach to using social networking sites as learning tools. *Educational Technology Research and Development, 68,* 1089–1120.

Brown, M., McCormack, M., Reeves, J., Christopher Brooks, D., Grajek, S. with Alexander, B., Bali, M., Bulger, S., Dark, S., Engelbert, N., Gannon, K., Gauthier, A., Gibson, D., Gibson, R., Lundin, B., Veletsianos, G., & Weber, N. (2020). *2020 EDUCAUSE horizon report, teaching and learning edition.* EDUCAUSE. https://library.educause.edu//media/files/library/2020/3/2020horizonreport.pdf?la=en&hash=DE6D8A3EA38054FDEB33C8E28A5588EBB913270C.

Chan, S., with Baglow, L., & Lovegrove, C. (2019). Supporting the learning of the sociomaterial: Novices' perspectives on virtual reality welding simulators. In T. Deisinger, U. Hauschildt, P. Gonon, & S. Fischer (Eds.), *Contemporary apprenticeship reforms and reconfigurations.* Proceedings of the 8th conference of the International Network for Innovative Apprenticeships.

Cuendet, S., Dehler-Zufferey, J., Arn, C., Bumbacher, E., & Dillenbourg, P. (2014). A study of carpenter apprentices' spatial skills. *Empirical Research in Vocational Education and Training, 6*(3). https://ervet-journal.springeropen.com/articles/10.1186/s40461-014-0003-3.

D'Antoni, S. (2009). Open educational resources: Reviewing initiatives and issues. *Open Learning: THe Journal of Open, Distance and e-Learning, 24*(1), 3–10.

Delello, J. A., McWhorter, R. R., & Camp, K. M. (2015). Integrating augmented reality in higher education: A multidisciplinary study of student perceptions. *Journal of Educational Multimedia and Hypermedia, 24*(3), 209–233.

Dyer, E., Swartzlander, B. J., & Gugliucci, M. R. (2018). Using virtual reality in medical education to teach empathy. *Journal of the Medical Library Association, 106,* 498–500.

Fogarty, J., McCormick, J., & El-Tawil, S. (2017). Improving student understanding of complex spatial arrangements with virtual reality. *Journal of Professional Issues in Engineering Education and Practice, 144*(2). https://doi.org/10.1061/(ASCE)EI.1943-5541.0000349.

Fowler, C. (2015). Virtual reality and learning: Where is the pedagogy? *British Journal of Educational Technology, 46*(2), 412–422.

Frehlich, C. (2020). *Immersive learning: A practical guide to virtual reality's superpowers in education.* Rowman & Littlefield.

Gavish, N., Gutiérrez, T., Webel, S., Rodríguez, J., Peveri, M., Bockholt, U., & Tecchia, F. (2015). Evaluating virtual reality and augmented reality training for industrial maintenance and assembly tasks. *Interactive Learning Environments, 23*(6), 778–798.

Hodgson, P., Lee, V. W. Y., Chan, J. C. S., Fong, A., Tang, C. S. Y., Chan, L., & Wong, C. (2019). Immersive virtual reality (IVR) in higher education: Development and implementation. In M. Dieck & T. Jung (Eds.), *Augmented reality and virtual reality* (pp. 161–173). Springer.

Jensen, L., & Konradsen, F. (2018). A review of the use of virtual reality head-mounted displays in education and training. *Education and Information Technologies, 23,* 1515–1529.

Kilsby, A., & Fountain, M. (2019). Micro-credentials: An authentic learning partnership. *New Zealand Physical Educator, 52*(3), 9–10.

Kinshuk. (2016). *Designing adaptive and personalized learning environments*

(1st ed.). Routledge.

Lavrentieva, O. O., Arkhypov, I. O., Kuchma, O. I., & Uchitel, A. D. (2020). Use of simulators together with virtual and augmented reality in the system of welders' vocational training: Past, present, and future augmented reality in education. In *Proceedings of the 2nd International Workshop (AREdu 2019)* (pp. 201–216). Kryvyi Rih, Ukraine, March 22, 2019 (2547). ISSN 1613–0073.

Lee, S. H., Sergueeva, K., Catagui, M., & Kandaurova, M. (2017). Assessing google cardboard virtual reality as a content delivery system in business classrooms. *Journal of Education for Business, 92*(4), 153–160.

Martin, F., Dennen, V. P., & Bonk, C. J. (2020). A synthesis of systematic review research on emerging learning environments and technologies. *Education Technology Research and Development, 68*(4), 1613–1633 .

Mishra, P., Koehler, M. J., & Henriksen, D. (2011, March/April). *The seven trans-disciplinary habits of mind: Extending the TPACK framework towards 21st century learning* (pp. 22–28).

Molina-Carmona, R., Pertegal-Felices, M., Jimeno-Morenilla, A., & Mora-Mora, H. (2018). Virtual reality learning activities for multimedia students to enhance spatial ability. *Sustainability, 10,* 1074.

Montello, D. R., Grossner, K., & Janelle, D. G. (2014). Concepts for spatial learning and education: An introduction. In D. R. Montello, K. Grossner, D. G. Janelle (Eds.), *Space in mind: Concepts for spatial learning and education.* The MIT Press.

Moro, C., Štromberga, Z., Raikos, A., & Stirling, A. (2017). The effectiveness of virtual and augmented reality in health sciences and medical anatomy. *Anatomical Sciences Education, 10,* 549–559.

Nichols, M. (2020). *Transforming universities with digital distance education: The future of formal learning.* Routledge.

Sorby, S. A. (2009). Educational research in developing 3-D spatial skills for engineering students. *International Journal of Science Education, 31*(3), 459–480.

UNESCO-UNEVOC, Ehlers, M., Schuwer, R., & Janssen, B. (2018). *OER in TVET*. https://une voc.unesco.org/up/OER-in-TVET.pdf.

术语表

此术语表定义了各种概念在本书中的具体用法。

主动学习（active learning） 学员活跃地参与学习活动，达到学习目标。

ADDIE 是分析（analysis）、设计（design）、开发（development）、实施（implementation）与评价（evaluation）的首字母缩略词，这五个环节循环构成了学习设计框架。

学中评估（assessments for learning） 在学习活动期间，学员（和教师）检查学习进度的机会——参见下文的"反馈"（参见 Assessment Reform Group，2002）。

异步（asynchronous） 当一个学习事件被发布后，在不同时点发生学习活动——参见下文的反义词"同步"。

增强现实（augmented reality，AR） 由计算机生成的被叠加或投射到真实世界环境中的信息、图像和 / 或声音。

真实性学习（authentic learning） 通过模拟场景、虚拟环境或工学结合等实现的现实 / 真实世界学习。

行为主义（behaviourist） 侧重了解和改变可观察行为的学习理论。

混合式学习（blended learning） 将面对面（f2f）课堂或工作环境与数字化在线平台相结合的有计划学习。

自带设备（bring your own device，BYOD） 学员携带自己的数字设备到课堂上，用其参与学习活动。

能力本位评估（competency-based assessments） 基于准则 / 标准的学习成果检查。

联通主义（connectivism） 将数字技术纳入学习的一种框架（参见 Siemens，2005）。

建构主义（constructivism） 学员积极地运用此思路方法，借助经验制造意义和建构知识框架。

课程（course） 为达成学习目标而构建或组织的一系列系统性学习活动。

数字流利度（digital fluency） 教师和学员能够判定何时、如何以及为何使用某一数字工具来实现规定目标（参见 Miller & Bartlett，2012）。

数字素养（digital literacy） 教师和学员能够运用数字技术且知晓如何为之（参见 Miller & Bartlett，2012）。

数字赋能型学习 / 数字辅助型学习（digitally enabled learning/digitally supported learning） 由数字硬件、数字基础设施（即 Wi-Fi）和数字技术（即互联网）支持的学习活动。在本书中，数字赋能型学习指，在学员与教师之间的面对面物理接触不可行时，利用技术来辅助学习。

远程学习（distance learning） 教师和学员之间在物理接触有限或缺失时的学习，无论是否得到数字赋能。远程学习的英文可以是 distance learning，也可以是 remote learning。

数字评估（eAssessments/e-assessments） 由数字技术辅助、赋能和 / 或增强的检查学习进度或造诣的过程。

教育 4.0（Education 4.0） 与工业 4.0 需求和目标接轨的教育方针。

电子档案（eportfolio/ePorfolio） 通常是证明学习历程的一整套数字工件（digital artefact）。

e 工具（etool/e-tools） 包含技术增强型学习（TEL）所需的硬件（或设备）与软件、应用程序（APP）或平台。

具身学习（embodied learning） 技能与特质融入个体做人和做事

的方式之中（参见 Barsalou，2008）。

经验学习（experiential learning，EXL） 通过体验与反思来学习。

扩展现实（extended reality，XR） 将真实环境和虚拟环境（VR）与人机交互结合起来，体验现实经验。

弹性学习（flexible learning） 对学员自身需求有灵敏反应的学习课程体系，其中包括：纳入一些环节，以承认学员带入专业中的技能、知识与习性；促进学习目标或学习契约/评估的共建；以及可能的话，提供契合学员目标的定制资格。

弹性学习环境（flexible learning environment） 提供相关支持，让学员有机会选择所学专业的教学节奏、地点与类型。

翻转课堂（flipped classroom） 学员在课前为面对面或虚拟学习课程做准备的混合式学习设计。

反馈——形成性/反馈环路（Feedback—Formative/feedback loop） 随着学习进展而提供的信息。反馈环路包括上馈（feed up，我们在正轨上吗？）、反馈（feedback，我们进展如何？）与前馈（feed forward，我们需要做些什么加以改进？）（参见 Hattie & Timperley，2007）。

形成性评估（formative assessments） 学习进展过程中的检查点——参见上文的"反馈"。

毕业生档案成果（graduate profile outcomes） 在新西兰，1~6级之间的全部资格均基于达到毕业生档案成果的学习，即毕业生在完成资格修习后能够做到什么（参见 Chan，2016）。

动手学习（hands on learning） 需要与实践工具、机械、材料等进行身体互动的学习活动。

工业 4.0（Industry 4.0） 数字赋能型/转型的制造与生产行业。

探究式学习（inquiry-based learning/enquiry-based learning） 这种学习的建立基础是提出问题与系统性地设法理解课题、寻求答案或解决方案。

沉浸式现实（immersive reality） 用来描述混合现实（MR）和/或虚拟现实（VR）。

教学设计（instructional design） 制定、实施和评价学习活动与体验的有计划的方法体系。另见下文的"学习设计"。

物联网（Internet of Things，IoT） 嵌入日常物件、能够收发数据、物物彼此互动且自主反应的计算设备网络。当前例子包括家居互联系统（即，屋主离家时可通过手机控制的安保、照明、恒温器等系统）。

人际心理学习历程（inter-psychological processes for learning） 学习受到的多种社会文化影响（如，来自同侪、其他工作者、专家等人的影响）以及与社会物质环境的互动（参见 Billett，2014）。

内在心理学习历程（intra-psychological processes for learning） 通过制造意义和响应人际心理关系（参见上文）提供的反馈来学习；实践并最终整体掌握职业或社会技能、知识与特质／习性（参见 Billett，2014）。

学习分析（learning analytics） 通过分析从学习管理系统（LMS）中收集到的数据及其他学习数据（如，作业和评估结果）来改进学习。

学习即成为（learning as becoming） 整体性学习带来身份认同的转变（参见 Hodkinson et al.，2008；Chan，2013）。

边做边学（learning by doing） 通过参与真实性实践来学习技能、运用知识与训练特质／习性。

学习契约（learning contract） 学员与教师／教育机构之间就学习内容与学习开展方式而商定、共建的协议。

学习设计（learning design） 对整体学习／教学体验的计划、开发、实施与支持。

学会成为（learning to become） 一种旨在达到某些技能、知识与特质／习性的教学法，它们被公认为能够界定特定的职业。

移动混合（mblend） 一种运用移动科技（主要用于与学员交流）和其他数字辅助型学习或非数字学习形式的移动学习（mlearning）变体。

微证书（micro-credential） 对具体职业领域的技能或知识的认证。最常见于信息及通信技术（ICT）行业，用来承认管理或操作复杂系统所需的细致的、核心的技能组合与知识。

模仿（mimesis） 通过观察、效仿与练习来学习（参见 Billett，2014）。

模仿学习（mimetic learning） 个体通过自行领悟经验（即，上文的"内在心理学习历程"）和在他人协助下（即，上文的"人际心理学习历程"）进行学习（参见 Billett，2014）。

混合现实（mixed reality，MR） 将虚实结合产生现实/真实性环境或可视化效果。

m 学习（mlearning/m-learning） 即，移动学习，指借助移动设备和基础设施实现的数字化学习。另见"普适学习"与"泛在学习"。

移动学习（mobile learning） 参见上文"m 学习"。

多元素养（multiliteracies） 学员多元化的语言学基础与语言表达和表述的多模态形式（参 New London Group，1996）。

多模态（multimodality） 涉及视觉、听觉、触觉、身体姿势与其他身体知觉的沟通与技能（参见 New London Group，1996）。

新西兰资格框架（New Zealand Qualifications Framework，NZQF） 新西兰为学校学习和高等教育设置的资格架构，涵盖 10 个级别。第 1 级表示预科；第 3 级和第 4 级表示修完技工证书（Trade Certificate）课程；第 5~6 级表示修完文凭课程；第 7 级表示取得本科学位；第 9 级表示取得硕士学位；第 10 级表示取得博士学位。

线上学习（online learning） 通过数字技术实现的学习。

操作系统（operating systems，OS） 支持计算机或移动设备运行的底层软件。主要的操作系统包括用于谷歌套件（Google Suite）或谷歌教育平台（Google for Education）的 Android 系统；苹果 iOS 系统以及商用计算机和个人电脑（PC）的 Windows 系统。

个性化学习环境（personalised learning environments，PLEs） 提供跨情境（如，学校和工作情境）的一体化学习体验；提供各种数字化工具、导师/教师与支持，让个性化学习成为可能。

普适学习（pervasive learning） 整合从各种可穿戴设备（即，健

身手环、全球定位系统［GPS］、射频标签［RFID］等）与人工智能
（AI）系统获得的数据，提供个性化学习条件。

实践本位学习（practice-based learning） 鼓励学员在真实性情境
或职场实践中将知识、技能和特质／习性"付诸行动"的学习。

问题本位学习（problem-based learning） 学员尝试解决开放式问
题，从中学习相关课题、理念、技能与特质／习性。

专业（programme/programme of study[PoS]） 为获授学历资格而
修读的一组课程。

项目本位学习（project-based learning） 通过结构化地／有计划地
利用现实／真实世界项目的整体或局部完成情况，从而获得、发展和运
用深度知识、技能与特质／习性。

QR 码（QR code） 快速响应码（quick response code）的简称。一
种由点、短画线与空格组成的矩阵型条形码，解码后表示一个网站或虚
拟对象。

远程学习（remote learning） 物理学习环境不可使用时的远距离
学习。

显著（salient） 一个职业中最重要的技能、习性或知识要素。

模拟（simulations） 学员投身于为辅助学习而创建的情景之中且
做出反应的主动学习。

情境学习（situated learning） 基于真实世界（即，校外）的学习
（参见 Lave & Wenger，1991）。

社会建构主义（socio-constructivism） 学员通过他人（包括同侪、
教师、父母等）帮助获得的体验、通过参与社会物质环境来制造意义。

社交网络（social networking） 用来发起和维持社会文化支持的各
种数字化工具与 APP。

社会文化（socio-cultural） 社会和文化及其对学习的影响（参见
Lave & Wenger，1991）。

社会物质性（sociomateriality） 认可生活中影响学习发生方式的各
个方面，包括环境、工具、材料与技术等（参见 Fenwick et al.，2011）。

同步（**synchronous**） 在一个学习事件正被发布之时，通过数字网络同时发生的学习。

总结性评估（**summative assessments**） 计入最终成绩的学习检查。

技术增强型学习（**technology-enhanced learning，TEL**） 运用数字技术来帮助提升学习体验、学习活动与学习评估。在本书中，TEL 指为面对面学习与虚拟/远程/线上学习部署数字技术。

TPACK 整合技术的学科教学知识（technological pedagogical content knowledge）的简称。用来解释在利用技术教授知识时，教师需要利用哪些东西（参见 Mishra & Koehler，2006）。

门槛概念（**threshold concept**）一个难以学会或难以概念化的学习要素，一旦跨过这个门槛，学员便能在学习上更进一步（参见 Meyer & Land，2005）。

泛在学习（**ubiquitous learning**） 借助移动或嵌入式（即，普适）数字硬件与无线网络访问互联网和社交网络等，从而进行学习。

通用学习设计（**Universal Design for Learning，UDL**） 运用当代研究成果来设计课程体系和教学法，确保在课堂上顾及全体学生的需要。

VET 4.0 教育 4.0 的职业教育与培训（VET）版本，旨在推动迈向工业 4.0 的社会与经济目标。

虚拟现实（**virtual reality，VR**） 通过提供贴近现实、包罗万象的虚拟环境来模拟真实体验的计算机生成场景（参见 Fowler，2015）。

工学结合（**work-integrated learning，WIL**） 通过模拟环境或在实际工作环境中进行的真实性学习。

译后记

　　新一代数字技术发展速度之快、辐射范围之广、影响程度之深前所未有，数字产业化、产业数字化加速演进，对职业教育发展理念、发展模式与发展机制带来巨大挑战。近年来，译者一直在关注职业教育的数字化转型这一课题，也做了一些肤浅的思考和研究。一次机缘巧合让我看到了塞莱娜·陈（Selena Chan）所著的《职业教育中"边做边学"的数字化赋能》这本杰作。2019 年末新冠疫情开始席卷全球，疫情带来的学校停课让在线教育成为全球抗疫教育的共同选择。作者及其团队在服务本校教师线上教学能力提升的同时，开展了相关的研究，为数字赋能职业教育教学打开了全新思路，提供了有益借鉴。

　　本书是广东省社会科学研究基地"新时代高等职业教育创新研究中心"的研究成果。深圳职业技术大学发起的"职业教育学术译丛"项目为本书的出版提供了经费资助，新时代中国职业教育研究院李亚昕博士为本书翻译工作给予了大力支持，在此致以诚挚的谢意。

　　由于本书的专业性很强，尽管译者在翻译过程中查阅了大量资料，进行了深入研究，反复字斟句酌，数易其稿，但受水平所限，难免仍有疏漏之处，恳请专家学者和广大读者不吝赐教。

王波

2023 年 12 月 1 日

图书在版编目(CIP)数据

职业教育中"边做边学"的数字化赋能 ： 强化"学习即成为"环节 ／ (新西兰) 塞莱娜·陈著 ； 王波译.
北京 ： 商务印书馆, 2024. — ISBN 978-7-100-24158-8

Ⅰ. G71

中国国家版本馆CIP数据核字第2024G6Z041号

职业教育中"边做边学"的数字化赋能
强化"学习即成为"环节
〔新西兰〕塞莱娜·陈 著

王波 译

商 务 印 书 馆 出 版
(北京王府井大街 36 号　邮政编码 100710)
商 务 印 书 馆 发 行
艺堂印刷（天津）有限公司印刷
ISBN　978-7-100-24158-8

2024 年 8 月第 1 版	开本 710×1000　1/16
2024 年 8 月第 1 次印刷	印张 9¾

定价: 58.00 元